図解 城塞都市
FILES No.053

開発社 著

新紀元社

はじめに

　日本では城塞都市は決して一般的ではありませんでしたが、中国やインドなどのアジアや、モロッコなどのアフリカ、シリアなどの中東、エチオピアなどの中米には城塞都市が多く存在します。中でも中世のヨーロッパにおいては城塞都市が隆盛を誇っていました。規模の大きい都市も多く、パリやミラノは当時としてはとても多い10万人超の人口を抱えていました。それゆえ本書では中世ヨーロッパの城塞都市を中心に扱っています。

　城塞都市の中には、今も当時の姿を残しているものが多くあります。石やレンガの壁で囲まれた町には建物がひしめきあい、侵入者を惑わすために迷路のような構造になっているものも。なかなかに高い確率で自分がどこにいるのかわからなくなることもありますが、異国の町で迷子になるのも城塞都市観光の楽しみのひとつと言えるでしょう。

　都市を城塞で囲んだのは、そこに住む人たちをあらゆる危険から守るためでした。敵軍の侵略、獣や強盗団の襲来を、強固な壁で防いだのです。獣や強盗団はさておき、敵対する軍隊は城塞都市を陥落させるために、あの手この手で攻撃を仕掛けてきます。それに対抗するため、城塞都市にはさまざまな防衛用の設備が備えられました。防衛設備や都市機能は時代が進むにつれてさらに強力に、そして洗練されていきます。

　こうして城塞都市は文化、商業、軍事の面において進化を続けました。より市民が暮らしやすく、より敵から都市を守りやすく、そして自分たちの権力を知らしめるために、より立派な都市に――。その思いと行動が築き上げた究極の機能美。それこそが城塞都市なのです。

　本書は、そんな城塞都市のありとあらゆる情報を網羅しました。

　城塞都市はどのようにして造られたのか？　防衛側は敵勢力の攻撃からどうやって都市を守ったのか？　攻撃側は強固な城壁をいかにして破壊したのか？　城塞都市に住む市民はどんな生活をしていたのか？　などなど。

　歴史を語るうえで絶対に欠かせない存在であった城塞都市にまつわるエピソードを、じっくりと楽しんでいただけましたら幸いです。

開発社

目次

第1章 城塞都市とは? 7

- No.001 城塞都市とは何か? — 8
- No.002 城塞都市はいつからあった? — 10
- No.003 どうして城塞都市が造られたのか? — 12
- No.004 シタデル都市 — 14
- No.005 ギリシャとローマの城塞都市の違い — 16
- No.006 城塞都市が抱えるジレンマ — 18
- No.007 城塞の内部にはどんな施設があった? — 20
- No.008 なぜ日本には城塞都市がなかったのか? — 22
- No.009 ヒッポダモスの都市計画 — 24
- No.010 城門 — 26
- No.011 古代の城塞都市1 〜初期の城塞都市〜 — 28
- No.012 古代の城塞都市2 〜メソポタミア〜 — 30
- No.013 古代の城塞都市3 〜防御の革命〜 — 32
- No.014 グラード — 34
- No.015 モット・アンド・ベイリー — 36
- No.016 多重環状城壁の城塞 — 38
- No.017 バスティヨンを備える城塞 — 40
- No.018 ビザンチン要塞が与えた影響 — 42
- No.019 火砲を最大限に活用した城塞 — 44
- No.020 城塞都市はどこに造るべきか? — 46
- No.021 壁が先か、町が先か — 48
- No.022 城塞の範囲は広すぎず、狭すぎず — 50
- No.023 門の数は最小限に抑える — 52
- No.024 城壁の種類 — 54
- No.025 石を切り出して城壁を造る — 56
- No.026 城門の造り方 — 58
- No.027 古代ローマの都市創設の儀式 — 60
- No.028 施設を造っていく順序 — 62
- No.029 城塞の内と外をつなぐ跳ね橋 — 64
- No.030 落とし格子 — 66
- No.031 門扉は城塞都市防御の要 — 68
- コラム 城塞都市の外で暮らす人々 — 70

第2章 城塞都市の人々の暮らし 71

- No.032 防衛上も重要な役割を果たす井戸 — 72
- No.033 トイレ・排水(便所用の塔) — 74
- No.034 城塞都市における農業 — 76
- No.035 城塞都市における畜産 — 78
- No.036 城塞都市の住民はふだん何を食べていた — 80
- No.037 冬や籠城に備える非常食 — 82
- No.038 ひどい衛生状態 — 84
- No.039 黒死病(腺ペスト)の蔓延 — 86
- No.040 娯楽(吟遊詩人・スポーツ・ギャンブル) — 88
- No.041 城塞都市内で守るべき規律 — 90
- No.042 学校など教育機関 — 92
- No.043 礼拝と教会 — 94
- No.044 城塞都市の一日 — 96
- No.045 罪人の収容はどこに? — 98
- No.046 戦闘中の庶民 — 100
- No.047 ミリシャ(民兵組織) — 102
- No.048 反乱と、その鎮圧 — 104
- No.049 町で商売できるのは、ギルドの者だけ — 106
- No.050 城塞都市の税金と、難民の受け入れ — 108
- No.051 領主の暮らしぶり — 110
- コラム アムステルダムの水の壁 — 112

第3章 城塞都市の攻防 113

- No.052 エスカラード(城壁をよじ登る) — 114
- No.053 攻城兵器その1 ベルフリー(可動式攻城塔) — 116
- No.054 攻城兵器その2 破城槌(衝角) — 118
- No.055 攻城兵器その3 大砲・火砲 — 120
- No.056 攻城兵器その4 投石機・カタパルト — 122
- No.057 対壕掘り — 124
- No.058 地中を掘り進んで城壁を攻撃する坑道戦 — 126
- No.059 兵糧攻め — 128
- No.060 火を使った攻防 — 130

目次

No.061	人の生首・動物の死骸を投げつける	132
No.062	高くそびえる城壁の終焉	134
No.063	攻城戦の兵士の装備	136
No.064	城塞都市の門の守り方	138
No.065	戦時と非戦時の守備隊	140
No.066	防御側にメリットのあるらせん階段	142
No.067	矢狭間から攻撃する	144
No.068	城壁を攻撃する兵器 衝角	146
No.069	クサールは要塞兼穀物倉	148
No.070	溝と堀の重要性	150
No.071	城壁上での防衛戦	152
No.072	胸壁・マチコレーション	154
No.073	鎧戸で防御側の弱点をカバー	156
No.074	櫓から岩石や熱湯などで攻撃	158
No.075	石落とし（バービカン）・殺人孔	160
No.076	城壁頂部の防衛とその方法	162
No.077	射眼・銃眼	164
No.078	守りに適した城壁	166
No.079	多重城壁による防衛	168
No.080	受動的防衛と能動的防衛	170
No.081	蜂の巣状になっている回廊と歩廊	172
コラム	卑怯者の武器とされた弓	174

第4章 世界の有名な城塞都市 175

No.082	カルカソンヌ（フランス）	176
No.083	ドゥブロブニク（クロアチア）	178
No.084	ネルトリンゲン（ドイツ）	180
No.085	アビラ（スペイン）	182
No.086	ヴィスビー（スウェーデン）	184
No.087	マルディン（トルコ）	186
No.088	ブラガンサ（ポルトガル）	188
No.089	エルサレム（イスラエル）	190
コラム	アジアの城塞都市	192

第5章 歴史的な城塞都市の激闘 195

No.090	マルタ包囲戦	194
No.091	ウィーン攻囲戦	196
No.092	百年戦争	198
No.093	イタリア戦争	200
No.094	ロードス包囲戦	202
コラム	暗殺集団の住むおそろしき城塞	204

第6章 城塞都市のトリビア 205

No.095	奴隷取引だけが目的の城塞都市「ゴレー島」	206
No.096	城壁を壊すことで、相手のプライドを破壊する	208
No.097	城塞都市は港も守る	210
No.098	アウレリアヌス帝の城壁	212
No.099	要塞化した屋敷マナーハウス	214
No.100	降伏	216
コラム	遺体を埋葬する墓地も都市計画のひとつ	218

索引	219
参考文献	223

第1章
城塞都市とは？

No.001
城塞都市とは何か？

人類が定住するようになって以来、外敵から守るため町を城壁で取り囲んできた。これが城塞都市の始まりである。

●壁、堀、塔が城塞都市

太古の時代、人類は狩猟や採集によって食料を得ていた。ときを経て農業が普及し始めて、同時に野生の牛や羊を家畜化する牧畜が行われるようになった。紀元前4000年ごろ、かんがい農業が発達すると食料の生産量が上がり、人口も増加。人々が集ってできていた村落は、やがて都市へと発展する。するとそこに住む人々は自分の命や食料を他者の侵略から守るため、定住地を壁や堀で囲むようになった。これが城塞都市の始まりである。

ヨルダン川にほど近いイェリコは世界最古の町とされており、紀元前7500年ごろにはすでに壁で町を囲んでいたという。また、紀元前4000年ごろの中国では、防衛手段として集落の周囲に堀を掘っていた。紀元前1200年ごろに破壊されてしまった古代トロイは高い石壁で囲まれ、そのところどころに塔を配置していたと伝えられている。壁、堀、そして塔。この3つの要素を用いた軍事的な工夫は、紀元前1200年ごろまでにすでに確立していた。そしてそれはデザインや配置の変更、防衛力の向上などの進化を経て、城塞都市が隆盛を誇る中世まで続くことになるのである。

都市を囲む目的はなにより防御のためである。だが、城壁は別の効果ももたらした。城壁は**都市の有機的組織に一定の限界**を与え、郊外と都市をきっぱりと隔離した。主要な都市活動をすべて境界の内部に囲い込むことで、都市組織に枠組みを与え、不滅のものにしたのだ。城塞都市の住民にとって自分たちの町は特別であり、巧みに設計された城壁は誇りであった。城壁で囲まれた都市の外観は似たものがほとんどなく、景観に与える影響は大きかった。実際、古代・中世の絵画表現には、塔を持つ環状の城壁を都市一般の象徴として描いたものが多い。それだけ城壁というものが普遍的な重要性を持っていたということを表している。

町を高い壁で取り囲んで守る

●城塞都市の基本的要素

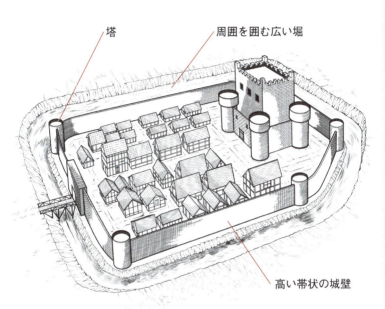

塔 / 周囲を囲む広い堀 / 高い帯状の城壁

●都市を壁で囲むことで生じる効果とは――

- 外敵から防御できる
- 都市組織に枠組みを与え、不滅のものにする
- 立派な城壁は住民の誇り
- 古代・中世絵画では都市一般の象徴

関連項目

●城塞の範囲は広すぎず、狭すぎず→No.022　　●溝と堀の重要性→No.070

No.002
城塞都市はいつからあった？

紀元前9000年ごろ、ヨルダン川流域に生まれた世界最古の町イェリコ。発展した町は防衛のため周囲を分厚い城壁で取り囲んだ。

●世界最古の城塞都市イェリコ

　人類が狩猟・採集の遊牧生活から定住するようになったのは、紀元前1万年から7000年ごろというのが定説となっている。初期の定住は、畑を耕すのに必要な少数の世帯が寄り集まった小さな村落だった。やがて交易商人や職人との交わりが始まり、だんだん人が集まってくると、初期の都市が形成された。すると、**都市の住民は自分たちの富を、ねたみ深い隣人や地方を徘徊する遊牧民族から守る必要に迫られた。**

　こうしてできた初期の城塞都市は、イェリコの遺跡に見られる。一年を通して春のようなイェリコは、ヨルダン川を見下ろす高原にあり、紀元前9000年ごろから人が住んでいた。紀元前8000年ごろには、町の人口は2000人にも達していたといわれる。

　当初は要塞化していなかったイェリコの町であるが、交易の増大によって蓄積する富が防衛の必要をもたらした。紀元前7500年ごろには、岩を切り通した幅広い堀と、4m近い高さの石の壁によって町は囲まれ、最初期の恒久的な石造の要塞が生まれた。

　やがて城壁には円塔がはめ込まれたが、その直径は8m、高さも8m以上にわたって現在も保存されている。塔の内部には屋内階段があり、頂部まで上れるようになっている。しかし、この円筒が中世の天守（キープ）のような唯一の建造物なのか、あるいは数棟のうちの1棟であるかは、まだ発掘が十分でないため解明されていない。

　イェリコの堅牢な城壁からわかるのは、町の要塞化が綿密に計画されていたということだ。城壁の規模や構造にも、町の防衛に必要なだけの資材と労力が注ぎ込まれている跡が見られる。このことから今後の発掘によっては、さらに古い城塞都市が見つかる可能性はある。

世界最古の町イェリコ遺跡

●ヨルダン川北西部に世界で最初の城塞が築かれた

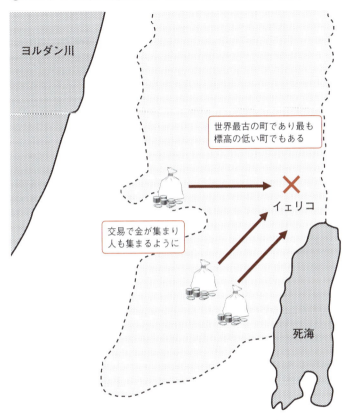

イェリコは死海の北西部、ヨルダン川河口から北西約15kmに位置する。世界最古の町として知られるとともに、海抜マイナス250mと世界で最も標高の低い町でもある。現在は、ヨルダン川西岸地区と呼ばれる一帯にあり、パレスチナ自治政府の領内にあたる。人口はおよそ2万人。ヘロデ王の冬の宮殿や、シャーム宮殿のモザイクなど、各時代の遺跡が多く残されていることでも有名である。

関連項目

●どうして城塞都市が造られたのか→No.003

No.003
どうして城塞都市が造られたのか

中世ヨーロッパの都市の多くが城壁で囲まれていたのには、当然理由がある。ひとつは外敵への備え、もうひとつは都市機能を高めるため。

●城や修道院に人が集まり、集落を形成

なぜ都市を堅固な城壁で囲んだのか？ その理由は大きくふたつある。

ひとつは外敵から身を守るためだ。古代から中世にかけての時代は現在のように警察組織が十全に整備されておらず、庶民は自分の持つ財産を自らの手で守らなければならなかった。単独のコソ泥であればそれほどの脅威にはならなかったが、相手が軍隊をはじめ略奪目的の遊牧民や強盗団などの組織であれば、個人で対抗できるはずもない。

庶民たちは城や修道院といった人の集まりやすい場所なら攻撃されないだろうと考え、その周辺に居を移すようになった。人が集まれば町ができあがり、略奪者たちの攻撃から命と財産を守るために町全体を壁で囲み、居住空間そのものを要塞化したのである。

外敵は人間だけではなかった。野生の獣たちもまた、彼らの命や家畜を脅かす危険な存在であり、これの襲撃を防ぐ意味でも高く頑丈な壁は非常に有効な防御の手段となっていたのだ。

都市を城壁で囲んだ理由のもうひとつは、都市を効果的に発展させるためである。**城壁で遮られた都市は面積が有限であるから、その発展はおのずと綿密な計画のものとに進められていった。**また、高い壁で内外を分けることによって重要な都市機能を壁内に集中させられることも、大きなメリットであったのだ。

順調に都市が発展を遂げればよいが、うまくいかないこともある。住環境やインフラの設備が整わないせいで衛生状態が悪化し、快適な生活を送れない劣悪な都市空間ができあがってしまうことや、街路ばかりが増えて宅地が虫食い状態になることでその都市面積にふさわしい人口を受け入れられず、発展がさまたげられてしまうこともあったのだった。

教会や城に人が集まり城塞都市に

強盗団や遊牧民などによる略奪と襲撃

教会　城

単独での生活は危険

たくさん人がいるので比較的安全

防衛力を増すため町を城壁で囲み、城塞都市に

城塞都市の悪い発展例

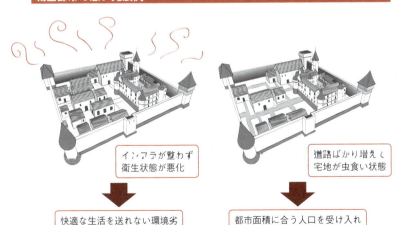

インフラが整わず衛生状態が悪化

↓

快適な生活を送れない環境劣悪な都市になってしまう……

道路ばかり増えく宅地が虫食い状態

↓

都市面積に合う人口を受け入れられないので、発展がストップ

関連項目

●城塞の範囲は広すぎず、狭すぎず→No.023

No.003　第1章●城塞都市とは？

No.004
シタデル都市

古代から中世にかけて各地に生まれた城塞都市は、時代や地域の要請によって、それぞれ異なる発展を遂げていった。

●古代のメソポタミアとギリシャのシタデル都市

　城塞都市とひと口に言っても、時代や地域によって、さまざまな種類がある。古代メソポタミアなどで多く見られたのがシタデルだ。シタデルは根城(ねじろ)(＝本城)の意味で、これを中心に分厚い城壁を巡らせているのが特徴である。このことから、城塞そのものをシタデルと呼ぶ場合もある。

　メソポタミア南部のウルとウルクでは長円形状で都市を囲み、北シリアのジンジルリでは円形の囲み方が見られる。一方、時代が下ったパルティアやササン朝ペルシャなどでは、城壁は正方形か長方形だった。

　メソポタミアで見られるシタデルでは住民が増えてくると、城外に出て新たに壁を造る防御工事を施し、定住地を広げていった。その結果できたのが、「シタデル都市」と呼ばれる普遍的な都市の型である。

　中世の城塞都市の多くがそうであったように、古代のシタデル都市でも壁で囲まれた都市の外に住民が暮らしていることがあった。紀元前5世紀以前の古代ギリシャのシタデル都市であるミュケナイが、その代表的な例だ。ミュケナイはいくつもの小さな集落から成っており、最も高い丘に壁で周囲をぐるりと囲んだシタデルが築かれた。各集落に住む庶民たちは、危険が近づくと急いでシタデルの壁の中に逃げ込んだという。

　ミュケナイのシタデルの特徴として挙げられるのが、城壁の分厚さ。その厚さは最大で6mもあったという。この壁は**巨石を積み上げて造られたもの**で、後世のギリシャ人たちは「この石はキュクロープス(ひとつ目の巨人)にしか動かすことはできない」と信じ込んでいたという。そのことからミュケナイのシタデルを囲む分厚い壁は「キュクロープスの石組み」と呼ばれるようになった。

人口を増やすため壁を一度破壊する

●町が栄え、多くの移民がやってくる

この町に住みたいけど狭くて入りきれない

壁で空間が限定され、人口が増えない
人が増えれば、それだけ町は活気づく。だが、壁があるせいで受け入れ態勢を整えられない

●城外に新しく壁で囲んだ定住地を造る

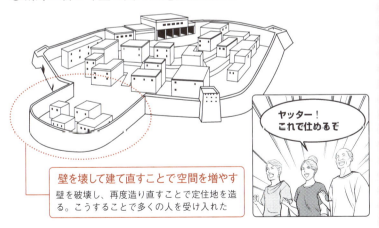

ヤッター！これで住めるぞ

壁を壊して建て直すことで空間を増やす
壁を破壊し、再度造り直すことで定住地を造る。こうすることで多くの人を受け入れた

関連項目

●石を切り出して城壁を造る→No.025

No.005
ギリシャとローマの城塞都市の違い

古代ヨーロッパにおいて、ともに栄えたギリシャとローマ。政治形態の異なる両者では、城壁に対する考え方もまるで違っていた。

●ギリシャでは都市防衛の要だが、ローマでは緩衝設備にすぎない

　古代ギリシャにおいて、城壁は民主主義の産物だった。ギリシャの町で城壁が一般に実用化されたのは紀元前6世紀ごろ。地方の支配者たちは、まず砦の中に居を定め、そこから周囲の地方に支配を広げていった。こうして成長した村落が初期のポリス、すなわち都市国家を形成した。つまりギリシャでは、**都市の壁は最初から計画されていたわけではなく、町が十分に発達してから築かれた付加物であったのだ。**

　そこでギリシャの場合、地形線に沿った形で壁が造られることになる。たとえば、紀元前4世紀のプリエネという都市では、町の敷地のうち、低い方の4分の3は壁が町の外周にぴったりくっついているが、北側では町を大きく外れ、山の頂上までを取り巻いている。**これは、敵に高い位置をとられて都市を侵略されるのを防ぐため**だった。

　これに対して、ローマでは都市と防壁は同時に計画された。ローマの植民都市は一般に平坦な地に建設され、壁の形は規則的で対象形を取り入れたものだった。実用性よりも、むしろ芸術性を優先したようにも見える。この整然とした対象形への嗜好は、軍隊の秩序と規律を表したものと考えられる。

　このような違いは、両者の周囲を取り巻く脅威の差が異なっていたからだ。ギリシャの都市は、たいてい小さな独立国家の中心であった。そのため包囲攻撃を受けたとき、外部から援助を得る望みは薄く、内部から反撃するしかなかった。一方、ローマ帝国の防衛は移動する野戦軍が主だったため、要塞は外部から援軍が到着するまで持ちこたえればよかった。ローマがギリシャほど防壁を当てにしていなかったことは、ほぼ500年の間、自国の都市に要塞さえ造らなかった事実にも表れている。

城壁頼りのギリシャと野戦中心のローマ

●ギリシャにとって城壁は最終防衛ライン

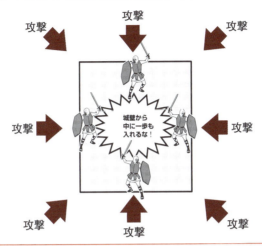

外部からの援助は得られず、守備隊は内部から自分たちだけで死守するしかない

●ローマにとっては救援到着までの時間稼ぎ

常に移動する野戦軍が救援にやってくるまで持ちこたえればよかった

関連項目

●城塞都市はどこに造るべきか？→No.020　　●壁が先か、町が先か→No.021

No.006
城塞都市が抱えるジレンマ

城塞都市は古代・中世の人々にとってなくてはならない社会インフラだったが、為政者にとっては悩ましいジレンマも抱えていた。

●**軍隊を優先させるか、それとも庶民に合わせるか**

　古代・中世の人々にとって、城壁は都市の富と力の象徴だった。城壁で囲まれた都市の外観はそれぞれ異なり、似たものがほとんどなかったので、当時の市民は自分たちの町を他とはっきり区別できた。巧みに設計され、建設された城壁は市民の誇りだったのだ。古代・中世の絵画にも、塔をいただいた城壁は好んで描かれており、都市の象徴として表していた。城壁はまさに普遍的な価値観を表すモチーフであったのだ。

　もちろん精神的な意義だけではなく、城壁は都市に機能的な恩恵ももたらしたと考えられる。都市を壁で囲い込むことによって、郊外と都市組織をきっぱりと隔離し、町の景観に独立性を与えた。こうした枠組みにより、主要な都市活動を境界の内部に囲い込み、活発にしたのである。

　だが、城塞都市が抱えるジレンマもあった。**城壁で囲い込むことによる限定効果**が、都市の発展を鈍らせ、時に厳しくさまたげる原因にもなったのだ。影響の度合いは、都市のある敷地の違いや、武装状態、都市計画の違いによって左右されるが、場合によっては町を著しく停滞させることにもなった。

　また、都市の計画者にとって、常に頭を痛める問題は、街路をどのように延ばしていくかということにあった。考え方はふたつある。一般人の都合に合わせるか、それとも軍隊の要求に従わせるか、である。公共の福祉か国家の利益を取るかというジレンマは、まさしく現代にも通じるものがあると言えよう。

　ルネサンスの人文学者は、都市を囲む城壁を好んで体内器官を守る皮膚に例えたが、皮膚と同じように城塞都市も適切な新陳代謝が必要だったことがわかる。

城塞都市の象徴するものとジレンマ

庶民にとっての城壁とは？

| 身を守る頼もしい存在 | 自分たちの誇り |

それと同時に

富と権力の象徴

立派にそびえる城壁は、その町が豊かで力を持っている証

芸術のモチーフ

その機能美は芸術家の心を打ち、しばしば絵画に描かれた

●一方ではジレンマも……

軍人：兵舎の前を大通りにしろ

庶民：商売がしやすいように広場を作って

都市計画者

都市計画者は、常に軍隊と庶民の要求に挟まれてジレンマを抱えていた

関連項目

●城塞の範囲は広すぎず、狭すぎず→No.022

No.007
城塞の内部にはどんな施設があった?

都市の中心部である城塞の内部は、外敵と戦うための防御拠点であるとともに、領主や兵士たちの生活の場でもあった。

●井戸、大ホールでの晩餐、兵舎に礼拝堂、ダンジョン

　防御拠点として、とりわけ重要なのは**井戸**だ。そのためキープ(主塔)の近くには通常複数の井戸が設置され、さらに貯水槽に雨水が貯えられた。井戸の水は守備隊の生死に関わるばかりでなく、外敵の攻撃で引き起こされる火事を鎮火するためにも不可欠であった。

　城主の居住区はキープの上階に設けられることが多い。郭内で最も大きな建造物の中に大ホールが設けられ、貴族や側近たちの**晩餐**や**遊興**の場にあてられた。城主が裁判を開き、領民たちの間に起こる法的争いを裁く場所でもあった。大ホールは暖炉で暖められ、14～15世紀ごろには排煙設備も整えられた。また少数の大規模な城塞都市では下水処理システムも備えていたが、**衛生面**はあまり重視されておらず、城主でさえ1年に1回程度しか入浴しなかった。

　他にも、守備隊のための建造物が木造または石造で造られた。2階建てで上が兵舎、下階が厩舎にあてられた。中庭には倉庫、牛舎、醸造所などが設けられた。城塞内部には中庭がひとつ、あるいは複数あり、主要な開放的空間となった。**多重環状城壁**を備えた城塞の場合、外側の城壁と内側の城壁の間にある狭い空間で、馬上槍試合が開催されることもあった。さらに城塞には、城主と守備隊のための礼拝堂も備えられた。城主に司祭を雇う余裕があれば、毎週日曜日と祭日に礼拝堂でミサが行われる。巡回する司祭が立ち寄る場合は、しばらく滞在し、この機会を捉えて結婚する男女もいた。また、キープには**牢獄**が備えられることが多かった。最上階があてられることもあれば、地下であることもあった。このことから、フランス語で主塔を指すドンジョン(またはダンジョン)が、牢獄と同意に使われるようになった。

防御拠点であり生活の場でもあった城塞

礼拝堂
日曜祭日にミサが催され、結婚式も行われた

キープ
城壁や城塞都市内にある塔（城塔）の中でも、中心となる塔。天守とも訳される。城主の居住区などがある

守備隊用の建物
2階が兵舎、1階が厩舎になっている

井戸

中庭

倉庫、牛舎、醸造所など

第1章●城塞都市とは？

> キープには城主の居住区や牢獄のほか、パーティーを開く大ホールや、裁判を行うための部屋があることも

【関連項目】
- 多重環状の城塞→No.016
- 城塞都市の人間はふだん何を食べていた→No.036
- 娯楽（吟遊詩人・スポーツ・ギャンブル）→No.040
- 防衛上も重要な役割を果たす井戸→No.032
- ひどい衛生状態→No.038
- 罪人の収容はどこに？→No.045

No.008
なぜ日本には城塞都市がなかったのか？

日本にも戦乱の世があり、築城の技術は磨かれていった。だが、なぜ城塞都市は生まれなかったのか？　理由は築城の目的にあった。

●日本の領主は城壁ではなく石垣の上に城を築いた

　ヨーロッパと同じく、東アジアでもさまざまな築城が発展していった。日本でも、何世紀にもわたる戦争により特徴のある城が数々築かれたことはよく知られている通りである。しかし、なぜ日本ではヨーロッパのような城塞都市が生まれなかったのだろうか？

　実は、同じ東アジアでも中国では事情が異なる。中国では都市や町が城壁で囲まれるのが一般的。小規模な監視塔に限られてはいたようだが、いわゆる城塞都市に近い形式がとられた。壮大な計画の例で言えば、万里の長城がそれにあたる。

　一方、日本ではそもそも築城の目的が集落の囲い込みではなかった。築城はその地域の領主が軍用陣地を設けるためであり、町全体を取り囲む必要がなかったのである。それらの城は丘の上に建てられ、「山城」と呼ばれた。当初は小規模なものが多かったが、16世紀の戦乱で栄華を極めた領主は、大規模な城下町を造りあげた。日本の築城は城壁ではなく、石垣を積んで、その上に城が建てられた。工匠たちは草木を取り払った山腹の斜面を測り、ち密な幾何学パターンに則って石材で覆っていった。自然の地形を生かしつつ、計算通りに平坦にならされた傾斜は、石垣に悠久の堅牢さを与え、浸食に耐える強度をもたらしたのである。

　ちなみに、現在の沖縄県である琉球王国では、築城は独自の発展を遂げた。日本と中国の両国から影響を受けつつも、グスクという城郭を設けて、武力で独立を維持していた。

　このようにヨーロッパと日本、あるいは中国と日本が築城において異なる発展をしていったのには、それぞれの地勢的条件や戦争のあり方の違いが大きな影響を与えたと考えられている。

城壁で町を囲う必要がなかった日本の城

● 日本の城は天然の地形を生かして建てられた

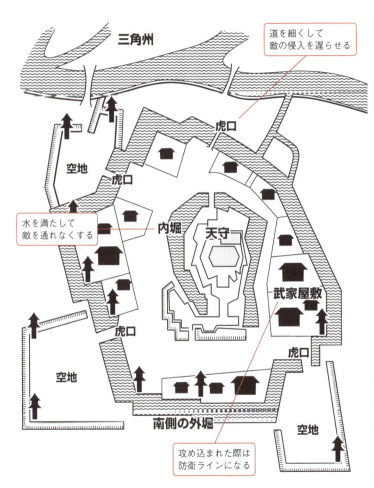

豊臣時代の縄張り

大阪城は天満川を天然の堀として用い、内堀で囲むようにして、石垣の上に天守を建てた

No.009 ヒッポダモスの都市計画

古代ギリシャでポリスが誕生し、人々が市民意識に目覚めたころ、ひとりの偉大な建築家が洗練された都市計画を確立した。

●紀元前5世紀の偉大なる都市プランナー

　初期ギリシャにできた都市国家では、町が王あるいは寡頭(かとう)政治の執政者によって統治されている限り、城壁を持たないのが一般的であった。支配者たちにとって、城塞を築くことで人々の独立を助長するのは得策ではなかったからだ。

　しかし、紀元前6世紀になると、次々に都市要塞が築かれていった。要塞は市民の自由な自治社会の象徴となり、古い**シタデル**の壁は破壊された。特に町とシタデルを分離した城壁は壊され、新しくできた都市の線に沿ったものだけが残された。

　こうしてギリシャの都市計画がひとつの頂点を迎えたのが紀元前5世紀ごろのことだ。ミレトスの建築家ヒッポダモスによって完成された都市プランは洗練されたものだった。紀元前479年のミレトスの再建は、のちに「ヒッポダモス式」といわれるようになる。

　ヒッポダモスは、市民の中心地であるアゴラ(=広場)を核心にして、整然とした格子状の街区を計画した。要塞は都市を完全に取り囲む形をとり、環状壁(かんじょうへき)で全体を覆った。ギリシャでは元来の環状壁は南に向かって広がり、塔よりもはるかに高さがある圧倒的なものだった。だが、この防衛線はヘレニズム期になると縮小されていく。こうして新しく造られた南側の壁は、古代世界における最も洗練された要塞体制のひとつとして数えられるようになった。

　他にもヒッポダモス式の都市プランに沿った代表例には、プリエネ、アレクサンドリアなどがある。町が不規則な地形に逆らうように格子状に並べられたのに対して、壁は自然の地形線を巧みに取り入れ、戦略上有利なように利用しているのが特徴である。

ヒッポダモスの洗練された都市計画

●典型的なヒッポダモス式の城塞都市

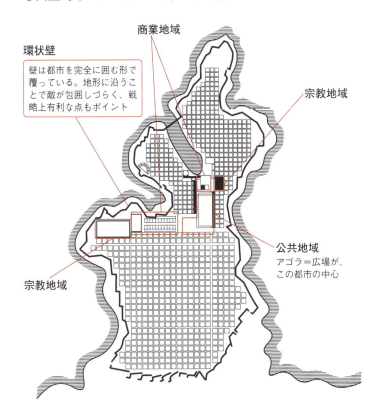

環状壁
壁は都市を完全に囲む形で覆っている。地形に沿うことで敵が包囲しづらく、戦略上有利な点もポイント

商業地域

宗教地域

公共地域
アゴラ＝広場が、この都市の中心

宗教地域

紀元前479年ごろのミレトス

アゴラを核心として格子状に街区が整備されている。また環状壁が都市全体を取り囲み、外敵からの攻撃に備えている

関連項目
●シタデル都市→No.004　　●古代の城塞都市3 〜防御の革命〜→No.013

No.010
城門

城塞内部への出入り口となる城門。外敵の進入路として利用されかねない城門には、さまざまな仕掛けが施された。

●城門のできこそが城塞都市の防衛を決める

　城門こそが城塞都市の防衛力を決定する、と言っても過言ではない。なぜなら城門というのは、最もたやすく内部への侵入を許してしまいかねない箇所だからである。それゆえ**城門の防衛**には特別の関心が払われ、その前面にあらゆる障害物を設けたのだ。

　通常、城門は**胸壁**を備え、そこから守備兵が敵を追い払った。さらに洗練されてくると、城門には堀や跳ね橋が追加された。跳ね橋は鎖とウインチで跳ね上げる単純な仕組みだが、後にもっと複雑なものも開発された。回転橋は、橋の端部に付けられた錘が解放されると、橋が90度回転して所定の溝にはまって渡れるようにしたものだ。これで、より迅速に橋を動かせるようになった。

　城門は金属で補強され、重厚な木製扉と落とし扉も備えていた。大規模なものになると、2カ所に落とし扉が仕掛けられ、侵入を強行しようとする者をその間に閉じ込めてしまうことができた。落とし扉の間の壁面には矢狭間が空いており、侵入者には頭上から守備兵の放つ矢が浴びせられるというわけだ。

　他にも、落とし扉の天井には、「**殺人孔**」と呼ばれる開口がいくつかあって、閉じ込められた侵入者に対し、防御側の兵士が矢を射ったり、岩を落としたり、熱い液体を注ぎ浴びせることができた。

　城塞において、最初に石で造られるようになったのは城門とキープだった。それほど城門というのは城塞都市における防衛の要なのだ。それゆえ味方が出入りするために開けられる際も慎重を要したことは想像に難くない。むしろ敵をおびき寄せ、罠に陥れるときにこそ、城門の真価が発揮されるよう設計されているのだ。

城塞の防衛の要である城門

●城門にはさまざまな仕掛けが施された

跳ね橋

回転扉

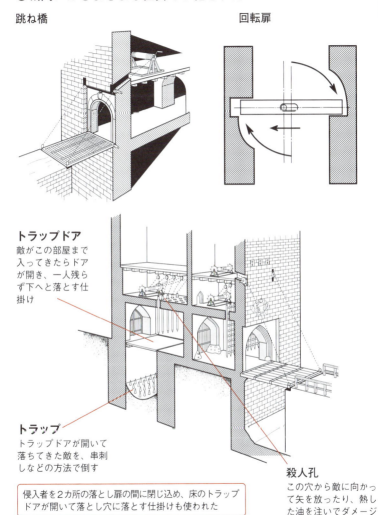

トラップドア
敵がこの部屋まで入ってきたらドアが開き、一人残らず下へと落とす仕掛け

トラップ
トラップドアが開いて落ちてきた敵を、串刺しなどの方法で倒す

侵入者を2カ所の落とし扉の間に閉じ込め、床のトラップドアが開いて落とし穴に落とす仕掛けも使われた

殺人孔
この穴から敵に向かって矢を放ったり、熱した油を注いでダメージを与える

関連項目
- ●城門の造り方→No.026
- ●胸壁・マチコレーション→No.072
- ●城塞都市の門の守り方→No.064
- ●石落とし（バービカン）・殺人孔→No.075

No.011
古代の城塞都市1 〜初期の城塞都市〜

古代、人類が定住を始めた時代に生まれた初期の城塞都市チャタル・ヒュスクとハジラルとはどんな町だったのだろう？

●都市組織と防御施設が一体化したチャタル・ヒュスクとハジラル

　人類が狩猟・採集から農業へと移行していくころ、アナトリア地方にチャタル・ヒュスクという町があった。この町が栄えたのは、紀元前6500年から5650年にかけてのこと。遺跡から発見された壁画や彫刻、あるいは古器物などを見ると、社会構造の変化から女性の特権が上昇し、狩猟民の特権が衰退していったことがわかる。

　チャタル・ヒュスクの町の特徴として、まったく街路がないことが挙げられる。泥レンガで作られた平屋の家が次々に重なって建てられ、戸口はないため、入口は屋根を通ることになる。密集して建てられた家々の間には、ところどころ屋根のない中庭があったが、これはたんにゴミ捨て場として使われていたようだ。このような建造方法は、今でもアナトリア地方とイランの一部では現存している。

　チャタル・ヒュスクが城塞都市としてすぐれている点はいくつかある。まず、複数の家屋が壁を共有するため経済的であり、また互いに支え合うことで構造的にも安定する。町の防衛のため別の壁を造る必要もない。侵入者は仮にこの町に忍びこめたとしても、自分が町ではなく家の中にいることに気づくだろう。しかも、そのときには町の住人が屋根に待ち受けているというわけだ。

　この形式をさらに洗練させたのが、紀元前5400年ごろに栄えたハジラルである。ハジラルでは泥レンガの壁は頑丈な木材で補強され、攻撃に対する防衛力を高めた。

　ふたつの都市に共通しているのは、都市組織と防御施設が一体となっていることだ。チャタル・ヒュスクでは偶然の産物だったが、ハジラルでは意識的に強化された。融合をなした形式は、実に独特なものである。

街路のないチャタル・ヒュスクの町

●家々は壁を共有し、それぞれに戸口はない

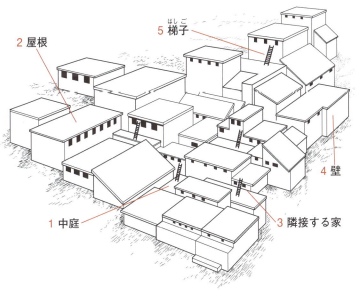

2 屋根
5 梯子（はしご）
1 中庭
3 隣接する家
4 壁

1 **中庭**
　家々の間には、たまに中庭と呼べるようなスペースがある。
　これは主にゴミ捨て場として使われていたようだ。

2 **屋根**
　それぞれの家に戸口がないため、移動は基本的に屋根の上。
　侵入者が現れたときはここから迎撃する。

3 **隣接する家**
　町には街路がまったくなく、家々は隣接して壁を共有。
　支えあうことで、ひとつの個体としての強度を増す。

4 **壁**
　泥レンガの壁はとても頑丈なので、それ自体が城塞としての役割を果たす。

5 **梯子**
　高低差のある建物の屋根を行き来する際には、梯子を使う。

> チャタル・ヒュスクの町には、平屋の家が重ねて建てられている。街路がないので防衛のため別に外壁を設ける必要がない

No.011　第1章●城塞都市とは？

No.012

古代の城塞都市2 ～メソポタミア～

文明の中心は常に争いや混乱が激しい場所にある。紀元前3000年のメソポタミアでは敵を防ぐための高く分厚い壁を必要とした。

● **強大な城壁を築いたメソポタミア、整然としたホルサバード**

アナトリアで開花した新石器文化が衰退すると、文明の中心は東方へと移った。紀元前3000年ごろには、メソポタミアで都市文化が発達したが、その原因となったのは不安定な状況であった。王朝の交代、戦争、侵略がひんぱんに起こり、政治的・社会的に不穏な空気に包まれたことにより、人々はより強力な要塞を持つ都市に定住したのだ。

メソポタミアの都市建築で最も特徴的なもののひとつは堡塁である。堡塁とは、防衛・守備のための防壁を指すが、住民にとって城壁はもっと大きな意味を持っていた。**都市の城壁は住民の誇り**であり、縁起のよい名前を付けて大切に手入れをした。さらに城門も敵を防ぐだけでなく、都市を訪れる者にその富を印象づけるよう設計された。

だが、やはり城壁の一番の目的は敵の侵入を阻止することにある。そのため城壁には破城槌に抵抗する強さや、梯子でも登れない十分な高さが必要だった。古代ウルの城壁は25～34mの厚さがあったと考えられ、バビロンでは高さが25mあり、その上に5mの塔が乗っていたという。また投擲物から守り、敵を迎え撃つための工夫も凝らされた。

さらに時代は下り、紀元前706年、ホルサバードの城塞都市がサルゴン2世に献納された。この町は、後のローマで見られるような整然と規則的に配置された街路計画を示している。宮殿と寺院のある王の**シタデル**は町の北西の壁にまたがり、アッシリア軍の陣営における王のテントの位置にほぼ一致する。個別に要塞化され、土台の上に建てられた町の壁は、王の絶対権力を誇示するように高くそびえた。しかし、まもなくサルゴン2世は死去し、後継者が町を見捨てたため、最も重要な建物しか完成せず、現在もその街路計画の跡は何も残っていない。

メソポタミアの都市建築

王朝の交代、戦争、侵略がひんぱんに起こる

▽

市民たちに不安が広がり、実害も出る

▽

市民は安全を求めて、要塞を持つ都市に移住

▼

- 強固な防壁に囲まれているので市民は安心
- 城壁は他の都市に強さを示す存在

市民に愛された城壁

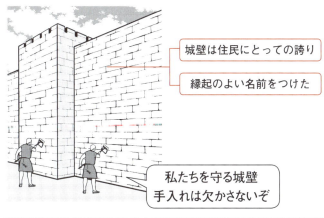

- 城壁は住民にとっての誇り
- 縁起のよい名前をつけた

「私たちを守る城壁　手入れは欠かさないぞ」

関連項目

- シタデル都市→No.004
- 攻城兵器その2　破城槌（衝角）→No.054
- エスカラード（城壁をよじ登る）→No.052
- 城壁を壊すことで、相手のプライドを破壊する→No.096

No.013
古代の城塞都市3 〜防御の革命〜

ペルシャ人の侵略に始まり、アテネ軍の包囲攻撃、ミレトスとシラクサふたつの都市は悲惨な経験から防御に対する革命をもたらした。

●外敵の脅威が革命をもたらしたミレトス再建とシラクサの要塞

ペルシャ人による侵略と破壊は、ギリシャに都市文化と都市プランの開花をもたらした。

紀元前479年の**ミレトスの再建**は、十分に発達したヒッポダモス式平面を生み出し、都市を完全に囲む要塞を造りあげた。圧倒的な高さを持ち、自然の地形線を巧みに取り入れた城壁は、古代世界における最も洗練された要塞体制であった。

シチリア島のシラクサでも、外敵の脅威(きょうい)が発展をもたらした。それまで防衛側の兵は狭間(さま)のついた壁の上端や塔で身を守り、敵を十分に引きつけてから叩く方法をとっていた。しかし紀元前400年を過ぎてまもなく、防衛概念の根本的な変化を表す要塞がシラクサに建設されたのだ。**防衛は受動的なものから能動的なもの**へと変化した。包囲攻撃を受けた守備隊は、ひんぱんに壁から離れて出撃し、敵をかく乱して武器を破壊する兵法に置き換えられていった。

紀元前405〜367年にかけてシラクサを統治したディオニュシオス1世は、将来の侵略者に備えて、エピポラエ高原をすべて要塞化することを決定した。シラクサ人は5年の歳月をかけ、途方も無い労力を投入し、全長20kmにも及ぶ城壁を建設したのだ。

実際、この強大な防御施設は未完成であったのにもかかわらず、数回に及ぶカルタゴの包囲攻撃を見事に防ぐことにも成功した。

また、ディオニュシオスの防衛施設の鍵を握ったのは城そのものであった。エウリュエロス城は高原への進入路の側面を守り、複数重ねられた城壁と堀によって侵入者を防いだ他、独自の戦略的構造で守備隊の機動性と防衛力を高めた。

町を壁で完全に囲んで要塞化する

●全長20kmに及ぶ壁を建設

> 侵略に備えてエピポラエ高原を
> すべて要塞化する!

ディオニュシオス1世

臆病な暴君だからこそ戦略

ディオニュシオス1世は冷徹な暴君であると同時に、とても臆病な男であった。暗殺を恐れて髭は自分の娘に切らせ、寝る部屋を毎晩変えていたという。そんな臆病者だからこそ、要塞化という戦略を思いついたのかもしれない。

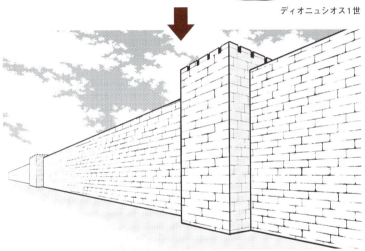

5年の歳月をかけて町全体を城壁で囲む

巨大なシラクサの城壁

全長は20km以上にもなり、底部の厚さは3〜5mという分厚い城壁を、多くの労働力を費やして完成させた。

> カルタゴ軍の包囲攻撃を
> 何度も撃退

関連項目

●ヒッポダモスの都市計画→No.009　　●矢狭間から攻撃する→No.067
●受動的防衛と能動的防衛→No.080

No.014 グラード

町を城壁で囲むという環状形式で最も古いグラードは、単純なものからじょじょに複雑な構造のものへと発展していった。

●ヨーロッパにおける最も古い築城形式城塞

　ヨーロッパにおける初期の築城形式のうち、最も古いのがグラードと呼ばれるものである。グラードは基本的に環状築城であり、規模はさまざまあるが、土塁、木造城壁、防御された城門と堀で構成されている点は共通している。

　最も古いものでは、土と木材でできた城壁と堀が周囲を取り巻くようにしてあるという単純な形をしていた。これが少し進化すると、入場門を後退させて侵入しにくいものになっている。そして、さらに時代が下ると、独立したキープ（主塔）を備えたグラードが現れ始める。

　グラードのキープも、初期のものはやはり木造だった。土塁の上に造られた木製の防御柵に接合されているか、あるいはその一部であった。塁壁は堀から掘り出した土でできていたが、やがてキープや城門の建設材料に石材やレンガが使われるようになると、しだいに城塔も石造で築かれるようになっていった。

　城塞都市の城壁に、どのくらいの間隔で城塔を並べるかは、地形や使える資材によって定められた。ほとんどの場合、城塔は隅にあたる部分に配置されたが、一定の間隔や不規則な間隔で並べられることもあった。しかし、城塔が規則的に正しく配置されている方が防御しやすいこともあり、均一にデザインされているものが圧倒的に多い。

　単純なグラードから城塔を備えたものになり、やがて城塔が城壁に規則的に配置され、**多重環状城壁**が巡らされた複雑な城塞へと発展。さらに中世には、**バスティヨン**といわれる側面援護を繰り出すための突出部も城壁に設けられるようになっていく。こうして時代を経るに従って、城塞の構造は変化していったのだ。

グラードの変遷

最も初期のグラード

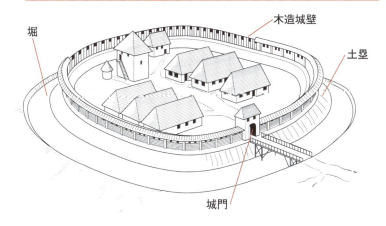

堀　木造城壁　土塁　城門

木造城壁と堀に囲まれた単純なグラード

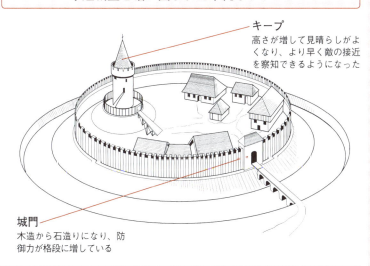

キープ
高さが増して見晴らしがよくなり、より早く敵の接近を察知できるようになった

城門
木造から石造りになり、防御力が格段に増している

関連項目
●多重環状城壁の城塞→No.016　　●バスティヨンを備える城塞→No.017

No.015
モット・アンド・ベイリー

10世紀以降によく見られたモット・アンド・ベイリー式城塞は、人造の土手とその頂上に建てられたキープが特徴である。

●グラードから発展したモット・アンド・ベイリー

　モット・アンド・ベイリー式城塞は、東方の**グラード**に類似した環状構築物から発展したものと考えられており、10世紀を通じて多く見られた。モットとは人造の土手のことで、モット・アンド・ベイリーとは、その頂上に木造のキープを建てる形式のものを指す。ちなみに、ベイリーとは中庭のことである。

　モットはベイリーの内側に設けられ、全体を木材でできた柵で囲い、防御を固めた城門を備えていた。地形が許す限り、ベイリーに円形平面の形で築かれた。高さは5mくらいのものが多かったが、中にはその倍ほどあるものもあった。さらに複雑なものだと、ふたつあるいはそれ以上のベイリーを備えていた。

　ベイリーは堀と柵で守られ、入口には吊り上げ橋あるいは跳ね橋が備えられたものが多く見られた。ベイリーには馬小屋、作業場、井戸、さらに礼拝堂などが設けられた。

　11世紀になるころには、モット・アンド・ベイリーの建設材料が木材に代わり、石材が使われるようになる。最初はキープのみが石材で建造され、やがて城門、城壁も石造で築かれるようになっていった。キープはのちにドンジョンと呼ばれるようになるが、単なる防御施設ではなく、領主や城代の居館としても使われていた。

　入口は2階に設けられることが多く、モット・アンド・ベイリー式城塞において最後の抵抗拠点としてみなされていた。石造になっていくと、キープはさらに大規模・重量化されていき、反対にモットの重要性が下がっていった。12世紀ごろには大規模化したキープが主流になっていき、実用性が低下したモットは築かれなくなってしまった。

モット・アンド・ベイリー式城塞

●10世紀ごろに多く見られた城塞建築の様式

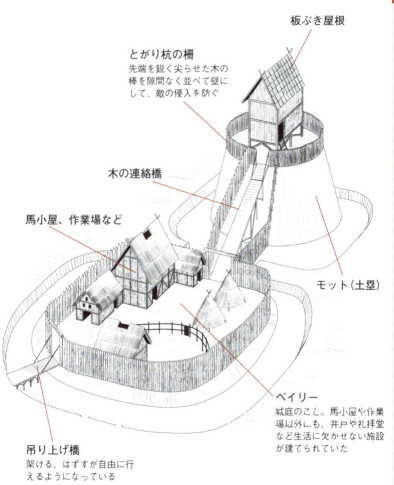

板ぶき屋根

とがり杭の柵
先端を鋭く尖らせた木の棒を隙間なく並べて壁にして、敵の侵入を防ぐ

木の連絡橋

馬小屋、作業場など

モット(土塁)

ベイリー
城庭のこと。馬小屋や作業場以外にも、井戸や礼拝堂など生活に欠かせない施設が建てられていた

吊り上げ橋
架ける、はずすが自由に行えるようになっている

第1章●城塞都市とは？

関連項目

●グラード→No.014

No.016
多重環状城壁の城塞

侵略者からの攻撃を食い止めるため、城塞は壁を幾重にも張り巡らせていった。その究極の形が多重環状城壁である。

●幾重にも巡らせた城壁で外敵を食い止める

多重環状城壁とはその名の通り、城塞を取り囲むように幾重にも巡らせた城壁のことである。そうする目的は、もちろん防御を高めるためだった。しかし中世後期になると、城塞は本来の軍事的な機能よりも、壮麗な宮殿や、領地で最も裕福で強大な一族の城館という側面をますます強めていくようになる。

多重環状城壁の城塞として、イギリスのドーヴァー城塞は典型的なものとしてあげられる。偉大な築城者ヘンリー2世とその工兵たちを継いで、ジョン王、ヘンリー3世と歴代の王の尽力と莫大な出費によって、ドーヴァー城塞は中世で最も堅牢な城塞のひとつに発展した。

城塞に鉄壁の守備をもたらしたのは、やはり多重環状城壁を備えた設計にある。大キープの周りには一重ではなく、**二重のカーテン・ウォール**が、高い土手と深い掘の間に巡らされた。包囲攻撃の矢面に立つ外城壁については、1180年代に建設が始まったが、完成したのはイングランド王ジョンの治政下（1199〜1216年）という念の入れようだった。しかし、そのおかげでドーヴァーは西欧で最初の多重環状城壁を備えた城塞として、その名を知られるようになったのだ。

他にも、城壁には秘密の地下道が設けられていた。城塔の弓兵が外塁を守っている間に、別の守備隊が地下道を抜けて、敵に奇襲攻撃をかけるためである。これは攻囲戦の際、フランス軍に**坑道**を掘られて多大な被害を受けた反省から造られたものだった。

このように多重環状城壁の城塞は、度重なる戦の経験と必要から生み出されていった。軍事的な戦略性に富んでおり、まさに究極の防御力を備えた要塞だと言える。

中世築城における究極の形

●鉄壁の要塞といわれるドーヴァー城塞

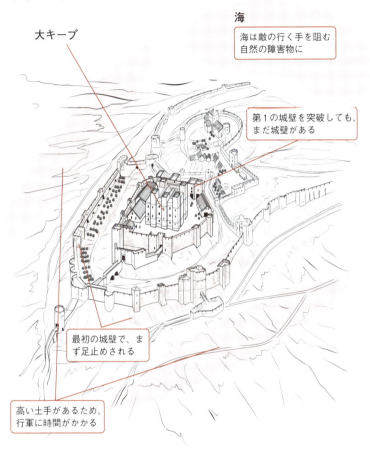

大キープ

海

海は敵の行く手を阻む自然の障害物に

第1の城壁を突破しても、まだ城壁がある

最初の城壁で、まず足止めされる

高い土手があるため、行軍に時間がかかる

中央の大キープを最後の砦として、周囲に巡らせた二重の城壁で侵入を食い止める

関連項目

●地中を掘り進んで城壁を攻撃する坑道戦→No.058　　●多重城壁による防衛→No.079

No.017
バスティヨンを備える城塞

中世末期になると、重火器の発達に伴い、攻囲戦のあり方も変化した。バスティヨンは防御側の攻撃力を上げるために発展した。

●銃砲を設置するための広さを確保

　バスティヨンとは側面を援護するため、城壁を突出させた突角部のことである。バスティヨンを設けた城壁が現れたのは、中世も末期近くになってからのことだった。

　それまで城壁は高いほどよく、少数の兵で守ることができた。高い城壁は、**カタパルト**などの古代以来の兵器による攻撃を十分耐えることができたのだ。もうひとつ、**坑道戦**による破壊工作に備えるためにも、壁は高く分厚い方が良いとされていた。

　ところが、高い城壁には弱点もあった。大砲などの砲撃を受けて倒壊したときに瓦礫の山ができ、防御側がそこを登って安全を確保することが難しくなるのだ。解決策としては、外壁を低くし、内壁を設けて防衛線を確保することだった。こうして**多重環状城壁**が生まれたのである。

　また、16世紀ごろには**大砲**などの大規模で有効な投射兵器が発達したが、高い城壁ではいくら基部を分厚くしても、**胸壁**のある層には大砲を設置する場所が確保できない。しかし城壁を低くすれば、銃砲のための空間が広くとれるようになる。さらに低い位置にあった方が、銃砲の射程範囲が広がるという利点もある。低い層に設置された銃砲は地をかすめるような弾道で撃ち出せるため、標的までの間にある人員や物体にも命中する確率が高くなるからだ。

　こうして15世紀から16世紀にかけて、フランスを含め、多くの国々で城壁の改装が行われていった。過去の戦争の経験と、重火器の発達による戦闘方法の変化にしたがい、防御する城塞側の構造も変わっていったのである。典型的なものとして、イタリアのサルツァネッロ、フランスのサルス、イングランドのディールといった城塞が挙げられる。

No.017　第1章●城塞都市とは？

中世末期から増えたバスティヨン

●銃砲を設置する場所を確保

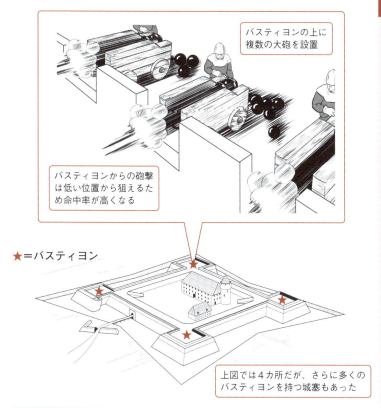

バスティヨンの上に複数の大砲を設置

バスティヨンからの砲撃は低い位置から狙えるため命中率が高くなる

★＝バスティヨン

上図では4カ所だが、さらに多くのバスティヨンを持つ城塞もあった

重火器の隆盛により、攻撃方法が進化

それに伴い、城塞の構造も変化していった

関連項目

- ●攻城兵器その3　大砲・火砲→No.055
- ●地中を掘り進んで城壁を攻撃する坑道戦→No.058
- ●多重城壁による防衛→No.079
- ●攻城兵器その4　投石機・カタパルト→No.056
- ●胸壁・マチコレーション→No.072

No.018
ビザンチン要塞が与えた影響

十字軍の遠征は、近東の築城技術をもヨーロッパにもたらした。ビザンチン要塞の影響は中世の城塞に大きな変化を与えた。

●十字軍がもたらした近東からの新しい波

　中世ヨーロッパの築城技術は、近東から戻ってくる十字軍によって新しい波を迎えた。中でもビザンチン要塞は流行の域にまで達し、多くの影響を与えたといわれる。

　ビザンチン要塞の与えた影響の具体的なものとしては、門を防護した望閣（見張り塔）や外塁が増えたこと、塔の基礎部分から上が中空に建てられ、塔の低い層にある狭間から横方向への防護ができるようになったことなどがあげられる。

　だが、最も顕著な変化をもたらしたのは、突出した**出し狭間（マチコレーション）**付きの**歩廊**だと考えられる。この形の歩廊は中世になってから使われるようになり、中世要塞の最も特徴的な要素となった。

　14世紀ごろまで歩廊は木製であることが多かった。西ゴート族が領地としたフランスのカルカソンヌでは、このような歩廊を設置するため、壁の上部に穴を開けている。防御側はこの歩廊によって、高い位置から壁の基礎部分に向けて効率よく防護できた。

　フランス王ルイ9世は、カタロニアとアラゴンの連合軍からこの都市を救い出すと、広範囲に及ぶ再要塞化計画に着手した。その後をフィリップ3世が受け継ぎ、作業を完成させたときには、**カルカソンヌ**は難攻不落の要塞になっていた。

　木製の歩廊は必要に応じて持ち運べ、素早く組み立てられるため、実用的かつ経済的だった。一方で比較的壊れやすく、燃え落ちる危険性もあった。そのために14世紀以降は、持ち送り積みの恒久的な歩廊に置き換えられていった。石造で築くことによって安全性や強度も高くなったが、かなり費用がかかるという一面もあった。

出し狭間(マチコレーション)付きの歩廊

● 中世要塞の最も特徴的な要素

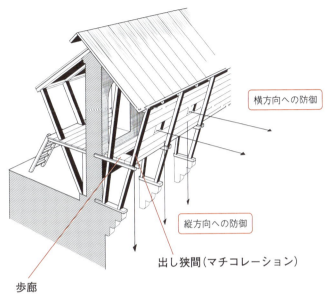

横方向への防御

縦方向への防御

出し狭間(マチコレーション)

歩廊

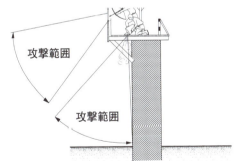

攻撃範囲

攻撃範囲

高い位置から城壁の基礎部分を効率よく防護できる

関連項目

● 胸壁・マチコレーション→No.072
● カルカソンヌ(フランス)→No.082
● 蜂の巣状になっている回廊と歩廊→No.081

No.019
火砲を最大限に活用した城塞

城塞を守るためには外敵の用いる火砲に対応する必要があった。そのため火砲に特化した城塞が建てられるようになった。

● 145の火砲を備えた城壁

火砲が発達し、城壁がそれまでの高いものから低いものへと移り変わっていくと、**大砲**などを設置するための**バスティヨン**が設けられるようになった。その中でも、とりわけ火砲を活用する設計がなされたのが、イングランド王ヘンリー8世の建設した要塞群である。

1538年、ヘンリー8世はフランスの侵略を恐れ、「ザ・ダウンズ(草丘)」とよばれる一帯に沿岸要塞の建設を命令した。王自身も設計に大きく関わり、1539年から1540年にかけて、ディール、ウォルマーおよびサンダウンの他、コーンウォールに2棟が建設された。

その要塞群の中でも、ひときわ異彩を放つのがディール城塞だ。要塞群の中で最大規模を誇るディールは、145の火兵用アンブラジュール（開口部）、バスティヨンと城塔の上に火砲陣地が設けられていた。胸壁は発射体をそらすために湾曲し、中央のキープと周りに6棟ある半円形バスティヨンは空堀に囲まれている。また、バスティヨンのひとつには城門が設けられていて、さらに外塁に6つのバスティヨンが備えられていた。

こうして幾重にも取り囲んだ城塞は、海岸近くまで広がったところで幅広い堀に囲まれていた。だが、キープにはわずか25名の守備隊が寝泊まりできるだけの宿舎しかない。バスティヨンや城塔の上、城壁内の主力火砲陣地は海に向くように建てられた。

このようにヘンリー8世の城塞群は、まさに「火砲要塞」というにふさわしく、防御側が大砲を完全に活用できるように設計されていた。このころになると、すでにキープが最後の防御拠点という考え方はなく、中央のキープは中世築城とはほとんど関係なくなっていた。伝統から外れた独自の設計はそのおかげと思われる。

難攻不落の火砲要塞

● ヘンリー8世のディール城塞

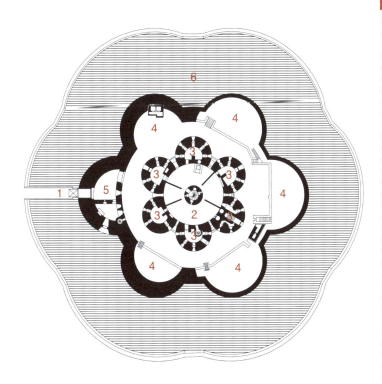

1　跳ね橋
2　中央キープ（25名の守備隊を収容）
3　砲門を設置するバスティヨン
4　地上層バスティヨン。マスケット銃兵を配置
5　入口を備えている地上層バスティヨン
6　空堀

関連項目

●バスティヨンを備える城塞→No.017
●胸壁・マチコレーション→No.072
●攻城兵器その3　大砲・火砲→No.055

No.020
城塞都市はどこに造るべきか？

城塞都市を創設するのに、どこでもいいというわけにはいかない。創設者は将来の展望を見越して条件を選ぶ必要があった。

● 気候と地形、経済と安全性が条件

　城塞都市をどのような場所に造るかについては、いくつかの条件が挙げられる。通常の敷地条件としては、温順な気候、年間を通じて新鮮な水の供給があること、その一方で洪水の危険がなく、雪崩や山崩れを心配しなくてもいいという自然環境が考えられる。その他にも、都市の近くに肥沃な郊外があって農作物が確保できること、交易路に近づきやすく、都市の発展が見込めることなどもあげられる。

　しかし、やはり重要なのは敵からの安全性だ。それが常に第一の条件とは限らなかったが、都市の創設者にとって根本的な重要性があったことは間違いない。

　その意味では、山の高原、丘の頂、半島などは最も防衛がしやすいと考えられた。だが、いったん敷地が選ばれると、さまざまな課題も持ち上がってくる。たとえば、丘の頂では地域が限定されがちで、都市の成長が制限されてしまう。規則的な街路を造ることはほとんど不可能であり、建物の密度は高くなる傾向がある。

　一方、開けた平坦な土地では、交通と経済上の理由から成長が制限されてしまう。規則的な街路は造りやすいが、そもそも敵からの安全性に問題があり、解決するには費用がかさんだ。開けた平地に都市を築く場合、安全性に不利な条件でも防衛できる自信があるか、あるいは安全性より重要な要素があったかでもなければ、通常は選ばれない。

　このように城塞都市の場所を選ぶには、気候条件や地形、および地理的条件にともなう安全性などが考慮されたと考えられる。経済的な都市の発展と敵からの防衛を両立させるため、都市の創設者は常に頭を悩ませていたのである。

城塞都市を造る場所を選ぶ

No.020

第1章●城塞都市とは？

●自然環境と防衛のしやすさから選ぶ

条件 1

温順な気候
新鮮な水

条件 2

雪崩や山崩れの
心配がないこと

創設者はあらゆる条件を比較して場所を選んだ

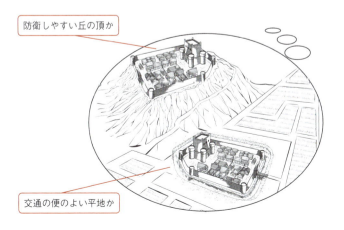

防衛しやすい丘の頂か

交通の便のよい平地か

No.021

壁が先か、町が先か

城塞都市には城壁と町というふたつの要素がある。それぞれ都市の成立過程の違いで、どちらが優先されるかが変わってくる。

●ギリシャは町が先、エルトリアは壁が先

　ギリシャでは隣り合う村落が合併して都市国家を形成した。町を離れた砦は存在せず、町とシタデルを離れた壁は破壊された。**ギリシャにおいて都市の壁は、常に町が十分に発達した後の付加物だったのだ。**

　一方、エルトリア人は都市の安全を求めて、防衛の容易な敷地を選んで町を造った。そのため町は最初から壁で囲まれることになった。防御に適した敷地が選ばれると、次に考えられたのは要塞化することだった。城壁は凝灰岩(ぎょうかいがん)か、あるいはその土地でとれる石を切り出した石材で築かれ、地形線にピッタリ合うように造られた。だが、必ずしも壁は途切れずつながっていたわけではなく、地形の持つ特徴が活かされた。たとえば、オルテの町は非常に急な坂の高台にあるため、改めて要塞を築く必要はほとんどなかった。そのような都市計画のあり方のために、曲がりくねった不規則な環状壁となり、のちに建造された環状壁より広い地域を囲むことも多かった。

　ギリシャではまず町が建設され、それから壁で囲まれた。反対にエルトリアでは壁が先に造られ、その中に都市が建設されるという順番をとった。これは、それぞれが都市を創設する経緯の違いに原因があったことがわかる。エルトリアでは不規則な形の城壁が一般的だったので、街路計画にも地形による調整をよぎなくされたようだ。都市プランと城壁が統一して計画したとは考えにくい。

　だが、ギリシャにしろエルトリアにしろ、都市と城壁が一体で計画されなかったという点では一致している。まったく正反対の成長過程が類似の結果を生んだのだ。その結果、都市と城壁は互いに独立し、それぞれに機能することになったのである。

成立過程によって壁と町のどちらが先か決まる

●自然環境と防衛のしやすさから選ぶ

先／後

> ギリシャは先に町を造り、壁で囲んだ

●地形が不規則なら、先に壁を建てる

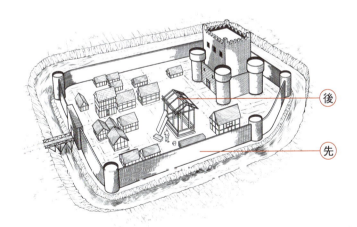

後／先

> エルトリアは壁を建ててから町を造った

関連項目

●ギリシャとローマの城塞都市の違い→No.005

No.022
城塞の範囲は広すぎず、狭すぎず

新しく城塞都市を造る場合、どのように範囲を定めているのだろうか？ 必要と将来性、計画者は常に難しい判断を迫られた。

●都市の範囲の決定は妥協のたまもの

　城塞都市の発展の仕方は基本的にふたつある。ひとつは予定された計画に沿って構築されるもの。もうひとつは計画もなく自然に人が集まって、次第に成長していくものである。いずれにしても、城塞の設計はその後の都市の発展に大きな影響をもたらすことになる。すなわち防衛線で囲む土地が狭すぎれば、都市の成長の可能性をさまたげてしまう。反対に広すぎれば、堡塁(ほるい)に人を配置するのに人数が多く必要となり、戦時にも移動が難しくなってしまうのだ。

　たとえば、パルマノーヴァは当初2万人の住民を見込んで計画されたルネサンス都市だった。ところが、今日に至るまで定住者が5000人を超えたことはない。町は生きものだ。予測できない都市の膨張に対処しようとするもできず、完成後数十年のうちに破棄されたり、あるいは破壊されざるを得なかった城塞都市は枚挙にいとまがない。

　それほど都市の範囲を決めるのは、複雑で難しい判断と言えるのだ。歴史を通じて計画者たちは、その選択に悩まされてきた。結局、そのとき町が必要としていたものと、町の将来に対する期待との微妙な妥協案に落ち着く場合が多かったようだ。だが、もちろん下された判断が常に正しかったわけではない。例に挙げたパルマノーヴァのように、将来を楽観視して範囲を広くしすぎたために、一部にしか住民が定着しなかったという町は数多く見受けられる。

　他にも古代ギリシャのように、比較的小さな村落が合併してひとつの城塞都市を形作ったという例もある。この場合、城壁はそのつど必要に応じて破壊され、再構築されたため、広すぎたり狭すぎたりして困るような問題は生じなかったと思われる。

城塞都市の広さはほどほどが一番

●城塞都市が広すぎる場合

> 広すぎると戦時の
> 移動が難しい

○迎撃に時間が
　かかってしまう
○防衛拠点間の
　移動が遅くなる

守る範囲が広いから
兵士がたくさん必要だ

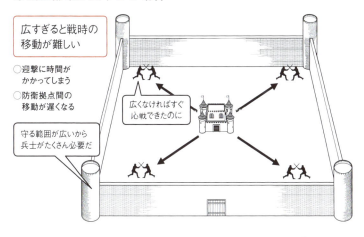

広くなければすぐ
応戦できたのに

●城塞都市が狭すぎる場合

> 狭すぎると都市の
> 成長を妨げる

○建てたい施設が建てられない
○ごちゃごちゃで生活が不便
○人口の増加に対応できない

もっと教会を大きくしたい
のに土地が無い……

人が増えすぎて
どうにもならない！

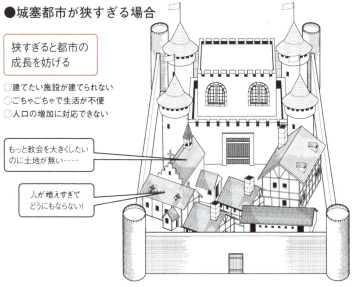

No.023
門の数は最小限に抑える

城塞都市の門は町の顔であると同時に、最も攻撃を受けやすい場所でもある。そのため門の数と配置は入念な計画が必要だった。

●門は都市のウィークポイント

　城塞都市の計画者は、常に同じ問題に直面することになる。すなわち、**都市の防衛力に重きをおくか、あるいは住民の利便性を優先するか**ということである。このことは、街路計画と防衛施設の計画となって表れた。その中でも最も重要なのが、**門の数と配置**だ。都市本体と関係ない壁で囲まれたような、まるで無計画な都市でさえ、門の数と配置はしばしば問題の種となった。

　都市の門は、普通最も攻撃を受けやすい場所にある。いわばウィークポイントだ。ならば、門の数はなるべく少ない方がよいと考えるのが道理だろう。配置についても入念に計画する必要がある。こうして町に出入りする交通は自動的に制限されることになった。

　門の数が少なく、出入りも制限されているとなると、住民生活には何かと不都合があるように思われる。だが、最初から街路計画と要塞が一体に設計されていれば、そのような問題もある程度は緩和できた。こうして統合された計画のタイプは、どの時代の植民地建設にも見られ、ルネサンス期には大流行した。とはいえ、実際に建設されたものはほとんどない。あくまで理論的な研究の対象として、都市史においては興味深い話題となっている。

　結局、防御というものは相手があってのことである。侵略者が攻撃力を増せば、こちらも備えを強化しなければならない。包囲攻撃の方法が変化するにつれ、防御施設の設計を変更し、対応する必要があった。だから、都市を創立したときには十分だった要塞も、やがては旧式となり、完全に破壊されるか、新しい時代に応じた近代的なものに取り替えられることになった。入念な計画と変化に応じる柔軟さは表裏一体なのだ。

門の数と配置が防衛力を決める

バランスの取り方がとても難しい

都市の防衛力 / 交通の利便性

門の数と配置はしばしば問題となった

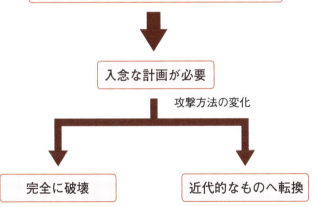

入念な計画が必要

攻撃方法の変化

完全に破壊 / 近代的なものへ転換

時代に応じる柔軟さも必要

関連項目
- 城塞都市が抱えるジレンマ→No.006
- 城塞都市の門の守り方→No.064
- 城門→No.010

No.024
城壁の種類

ひと口に城壁と言っても、さまざまな形がある。呼び名や役割も時代によって変化していった。その大まかな変遷を見ていこう。

●門は都市のウィークポイント

　城壁は時代によってさまざまに変化し、その呼び名も形や役割によって多岐にわたる。アンサントとはかなり広い意味を持つ用語で、城塞、城塞都市、または築城修道院などの防御陣地を取り囲む城壁と城塔のことを指している。それに対してカーテン・ウォールは、城塔と城塔の間の城壁の部分、もしくはアンサントの城壁を指す言葉だ。

　古代の城壁は土造や木造が多く、並外れた厚みを持っているものも多かった。しかし、12世紀末になると東方で軍事建築が革新され、13世紀を通じてヨーロッパにも広まっていった。マクシーリといわれる**石落とし**や、城壁の下部を外側に傾けるプリンスなどの技術が発展した。これらは木造櫓に代わり、火災や坑道戦に防御力を発揮した。

　さらに13～15世紀のゴシック時代には、アンサントの厚みが増していった。フランスでは堀の幅が12～20m、深さは10mにもなった。築城の上部を胸壁というが、ここには敵の投射から城兵を守るためのクレノーが設けられた。クレノー付き**胸壁**にはやがて**矢狭間**が開けられ、敵から身を守りつつ射撃することができた。矢狭間は射撃範囲を広げるため、断面をくさび形に下へ向けて切ってあった。後に胸壁には櫓が設けられるようになった。屋根と壁を備えた木製の櫓は床に開口があり、壁をよじ登ってくる敵兵に向けて、熱い液体や岩石を落とすことができた。

　ちなみに、城塔には窓がない。当時はガラスが非常に高価だったため特別な場所にしか使われておらず、また、窓は弱点になり、城塞全体の安全を脅かすものとなったからだ。キープのような居住区を持つ城塔だけが窓を備えていた。礼拝堂にはステンドグラスが使われたが、その他の窓は小さく、鉄柵で守られていた。

さまざまな城壁の形状

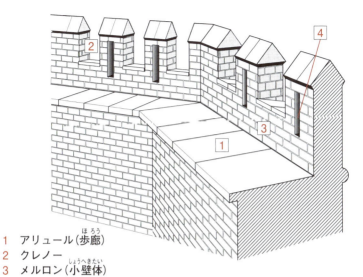

1 アリュール(歩廊)
2 クレノー
3 メルロン(小壁体)
4 矢狭間

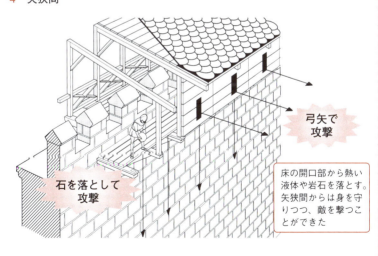

弓矢で攻撃

石を落として攻撃

床の開口部から熱い液体や岩石を落とす。矢狭間からは身を守りつつ、敵を撃つことができた

関連項目
- 矢狭間から攻撃する→No.067
- 石落とし(バービカン)・殺人孔→No.075
- 胸壁上の防衛→No.072

No.025
石を切り出して城壁を造る

中世までの建築現場は人力での作業がメイン。山から材料の石を切り出し、運んで積み上げるには多大な労力が必要だった。

●多くの労力と人員が必要とされた城壁造り

　城壁を造るには、まずは材料となる石が必要だ。石は近くの山などから採石された。採石工は1トン以上の大きな塊を切り出すと、それを牛車に乗せて石切場へと運んだ。この石が城壁の最も強固な部分を支える材料となる。石切場に運ばれた塊は、石切工によって人が運べるくらいの大きさに切られる。そこからは人夫が手押し車に乗せて、建築現場まで運んでいった。

　建築現場を仕切るのは石工の親方だった。親方の下では大勢の職人が運ばれてきた石を成形した。石の成形には、のみやディバイダーといわれる測定器が使われた。熟練石工(フリーメーソン)がこの作業を行い、未熟練石工と石積工は城壁を築く仕事をした。

　ただし、これらの石だけでは城壁は造れない。この間、土方は地面を打ち砕いて溝を掘り、壁を補強するための土を高く積み上げた。石を寄せ集めるのにモルタルと石灰も必要だった。そこで職人は大きな釜で石灰岩を焼き、水に数カ月間浸して良質のモルタルを造る必要があった。

　こうして集められた材料は、建築現場に持ち寄られて、板張りの傾斜路を通じて運ばれ、積み上げられていく。積み上げられた石はモルタルで固められ、コテできれいに形を整えられた。石工の親方は下げ振り定規といわれる端に鉛の錘が付いた道具を使って、壁が垂直になっているかをチェックした。比較的小さな石やレンガなどはカゴに入れて、滑車を使って吊り上げることもあった。

　その他にも、建築現場では専門の職人が多く働いていた。大工、井戸掘り人、鍛冶屋、石担ぎ人夫などである。こうした大勢の職人や人夫が多大な時間と労力をかけて城壁が造られたのだ。

城壁ができあがるまで

●近くの山で切り出された石は、多くの工程を経て城壁になる。

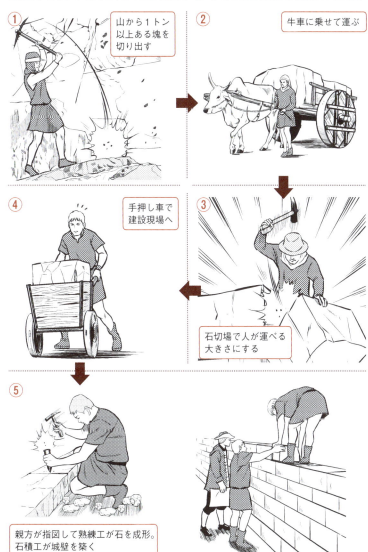

No.026
城門の造り方

城門は容易に敵の侵入を許しかねない危険な箇所だ。そこで城門には防御力を高めるためのあらゆる仕組みが設けられた。

●弱点になりかねない城門にはさまざまな仕掛けが施された

　城門は城塞都市において弱点になりかねない重要な箇所だ。城門の造りが都市の防衛力を決定すると言っても過言ではない。それだけに古代より城門には特別の関心が払われ、その前面にはさまざまな障害が設けられたのは自然の成り行きだった。

　まず、容易に敵の要求を許さないという意味で、城門は**跳ね橋**のような可動式のものが選ばれた。形式には跳ね橋や**落とし扉**、あるいは回転扉と呼ばれる錘（おもり）を使った仕掛けが施されたものもある。城門はたいてい金属で補強され、重厚な木製扉と落とし扉も備えていた。

　城門がさらに洗練されていくと、規模も大きくなっていった。ウェールズのハルレフなどの場合、城門が完全にキープに取って代わり、城主の居館として使われていたほどだ。ハルレフの城門は3カ所に落とし扉と扉があり、強行に侵入しようとした者は、ふたつの落とし扉の間に閉じ込められることになる。さらに各落とし扉の間のトンネルの壁面には矢狭間（やざま）がうがたれているので、侵入者たちは城兵に頭上から矢を浴びせかけられるはめになった。

　配置についても慎重に考えられていた。城門への接近路と入口は外部に直面しないよう、角に設けられることが多かった。こうすれば、攻囲側が跳ね橋や城門に直接兵器で攻撃するのが難しくなるというわけだ。特に**破城槌**（はじょうつい）に対しては有効な方法だった。

　また、城門の他にポテルヌ（埋（うず）み門）と呼ばれる出入り口も存在した。これは騎兵と乗馬がくぐれるほどの大きさで、守備軍の出撃口や籠城戦のときの脱出口として使われた。また、場合によっては重厚に防御されて城壁の城塔に設置されることもあった。

城門には防御に特別の注意が払われた

●一般的な城門の形

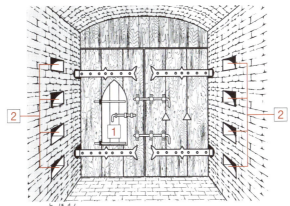

1 徒歩門と呼ばれる小さめの扉
2 扉を強化するためにかんぬきを差し込む窪み

●城門の断面図

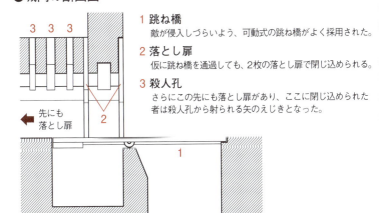

1. **跳ね橋**
   敵が侵入しづらいよう、可動式の跳ね橋がよく採用された。

2. **落とし扉**
   仮に跳ね橋を通過しても、2枚の落とし扉で閉じ込められる。

3. **殺人孔**
   さらにこの先にも落とし扉があり、ここに閉じ込められた者は殺人孔から射られる矢のえじきとなった。

関連項目
- 城門→No.010
- 落とし格子→No.030
- 城塞の内と外をつなぐ跳ね橋→No.029
- 攻城兵器その2 破城槌(衝角)→No.054

No.027
古代ローマの都市創設の儀式

現代でも日本では家を建てる際に棟上げ式などを執り行うが、古代ローマでも都市創設の際には決まった儀式が行われていた。

●ローマ人が行った4つの儀式

　ローマが新しく都市を創設するときには必ず儀式を行った。これはローマの**都市計画**がイタリアの植民地様式を発展させたものであり、敵国内で強力な拠点を確立するという軍事的なものであったからだ。儀式自体の様式も元はエルトリア人の行っていたものを採用している。

　都市創設の儀式は4段階に分けて行われた。第1の儀式は開始礼といわれ、未来の町の位置を決定した。位置選びは占いに基づいて決められたが、初期の建設地はたいてい防衛の容易な場所が選ばれたようだ。第2の儀式は定周礼だ。これは町の外周を確定する儀式だった。選ばれた地域は鋤を使って溝を掘ることで線引きし、鋤を入れた土がその中に投げ入れられた。これは壁を象徴する。一方、鋤でつけた溝そのものは堀の端を表した。さらに未来の門にあたる場所には鋤が上に向けられたが、この「持ち運ぶ（portare）」という行為が、「門（porta）」という言葉の語源になっているといわれる。

　第1と第2の儀式はおもに軍事上の必要から行われる。それと別に第3の儀式として、街路網を配置し、その方向を決める方位礼があり、残る第4の儀式には町を守護神の防護の下におく奉献礼があった。

　紀元前273年、エルトリアの領地内にローマの前哨基地としてコーサが建設された際にも、これらの儀式が行われた。コーサは初期イタリア植民地の代表例であり、約1万～1万2000人ほどの定住民のために計画された中規模の町だった。ローマの北約150kmの急な海岸段丘の頂部に位置し、丘の東側に広がる湖は町の港として利用された。

　ローマが都市創設の儀式を行ったのは、文化的かつ宣伝的な要素もあったが、基本的な目的が軍事的なものであることは変わらなかった。

ローマ人の行った都市創設の儀式

1 開始礼

まずは、町の位置を決める開始礼を行う。位置選びは占いに基づいた

2 定周礼

町の外周を確定させる儀式が定周礼。鋤で溝を掘って線引きをする

3 方位礼

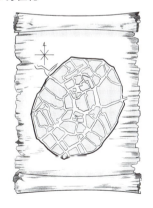

次に方位礼。街路網を配置し、その方向を決めることを意味する

4 奉献礼

守護神に町を守ってもらうよう、お供えものをするなどしてお願いする

関連項目

● ヒッポダモスの都市計画→No.009

No.028
施設を造っていく順序

ひとつの城塞都市の中にはさまざまな施設がある。ある城塞が創立される際には、一般的に施設を建てていく順序があった。

●まずは火薬庫と砲兵工廠が最優先

　城塞都市は計画を立てるところから始まる。王や領主から依頼された設計技師は、「浮き彫り図」と呼ばれる、木で造られた見取り図を作成する。浮き彫り図には小さな窓までが再現されており、現代で言うジオラマのような綿密さで造られた。そのため城塞都市が完成してからも、領主は要塞図を見ながら、防備について検討することができた。

　計画が決まると、実際の土地に都市の区画整理が行われる。ここで活躍するのは土木技師だ。技師は結び目のある綱を使って測量し、将来の要塞地を杭で囲む。そして設計図通りになるよう場所を整理していく。

　現場作業に入ると、真っ先に建てられたのは砲兵工廠と火薬庫、それに技師の家と設計室だった。工廠とは軍需工場のこと。特に火薬庫と砲兵工廠は、敵の奇襲からなるべく遠い場所に建てられた。また、火薬庫の周囲には溝が掘られ、爆発したときに備えて他の建物から切り離した。窓は付けられず、ボルトも火花が飛ばないよう木製のものが使われた。

　要塞の規模にもよるが、ここまでの作業で2年、場合によっては3年ほどもかかった。それからようやく兵営などの住居が建てられ始める。無駄を省くため、兵営の設計は一律に定められた。兵舎には**大砲**が据えられ、城壁の近くなどの戦略的に効果的な場所に建てられることが多かった。

　おおざっぱに形ができあがると、あとは商人や居酒屋や職人が住みつく町にしていく。兵士たちも戦争がない時期は町で生活し、商売や家内工業を始めるようになる。教会、馬小屋、水飲み場、洗濯場といった生活に欠かせない施設が整えられていく。家は戦争のときの避難所にもなった。こうして何年もの歳月をかけて、ようやくひとつの城塞都市ができあがるのだ。

計画を立て、重要施設から造っていく

●綿密な計画の下、浮き彫り図を作成する

●都市に必要な施設が優先して建てられる

―― 特に重要な施設 ――

砲兵工廠
敵の攻撃してくる場所から遠い所に建てる

火薬庫
爆発に備えて、他の建築物とは離して建てる

兵営
城壁の近くなど、戦略上重要な場所に建設

病院
兵と住民のために治療施設は早めに建設

鍛冶屋など
武器の生産施設である鍛冶屋は優先される

関連項目

●攻城兵器その3　大砲・火砲→No.055

No.029
城塞の内と外をつなぐ跳ね橋

城塞の内と外をつなぐのが跳ね橋である。最も防御に気を使う部分だけに、さまざまな格納式の跳ね橋が考案された。

●吊り上げ式、平衡橋（へいこうばし）、回転橋など跳ね橋の種類

　城塞にとって門などの入口は自分たちの進入路であると同時に、外敵から最も侵略されやすい場所でもある。そこで通常、城塞の周囲は溝や堀で囲むことによって防御されている。城塞の内部へ入るにはこの堀を渡す橋が必要となるが、橋を架けたままにしていると敵にも利用されてしまう。その解決策は、何らかの機械仕掛けによって上昇させられる格納式の跳ね橋にすることだ。

　跳ね橋にすれば、無断侵入を防げる上、門前に防壁を増築する必要もない。こうして城塞都市に付きものの跳ね橋は、さまざまな形式が発展していった。ポピュラーなのが吊り上げ式の橋である。単純な形式の物だと、橋の内端部が城門の敷居上で蝶番（ちょうつがい）によって可動し、外端部が楼門内部にある巻き上げ機に鎖で取り付けられる。巻き上げ機が回転すると鎖が巻き上げられ、あるいは緩められて、跳ね橋が上昇したり下降したりする仕組みになっている。この際に跳ね橋が上昇しやすいよう、橋の内端部には錘（おもり）が取り付けられていた。

　他にも、平衡橋といわれるものもあった。これは、城門の敷居上でシーソーのように上下する跳ね橋である。外端部は堀にかかり、錘の付いた内側部は門口の内側にある窪みにかかるようになっている。跳ね橋は錘の付いた内端部が窪み内に下降することで外端部が上昇し、入口を閉鎖する仕組みになっていた。

　同じ吊り上げ式でも、錘によって動くものや下層に設置した滑車によって昇降するものなどがあった。また、橋の端部に付けられた錘で跳ね上げ、解放された端部が定められた溝にはまり込むタイプの回転橋といわれるものもあった。

敵に利用させないよう格納式の橋が必要

●吊り上げ式の橋

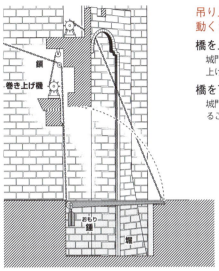

吊り上げ式の橋が動くシステム

橋を上げるとき
城門内部の巻き上げ機が鎖を巻き上げることによって、橋が上がる

橋を下げるとき
城門内部の巻き上げ機が鎖を緩めることによって、橋が下がる

●平衡橋

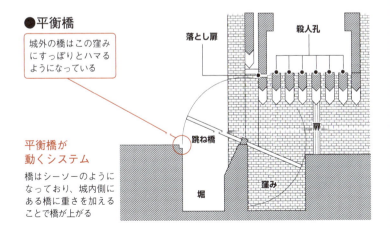

城外の橋はこの窪みにすっぽりとハマるようになっている

平衡橋が動くシステム

橋はシーソーのようになっており、城内側にある橋に重さを加えることで橋が上がる

No.029　第1章●城塞都市とは？

関連項目

●城門→No.010　　●城塞都市の門の守り方→No.064

No.030

落とし格子

城門そのものを頑丈にするばかりでなく、補強するものとして落とし格子を備え、城塞の入口の防御を万全のものにした。

●城門を補強し防御する落とし格子

　主要な**城門**、裏門、その他の重要な外からの入口は、たいてい落とし格子によって防御されていた。落とし格子とは、入口上部に吊り下げられた垂直に可動する門で、必要に応じて所定の位置に下げられた。入口両側の石造物に刻まれた溝で誘導される形式だ。一般的には木製の格子状をしたもので、垂直材の先端は鋭く尖っていた。さらに先端を鉄で覆ったものもある。落とし格子は古代ローマ人が使い始め、12世紀初頭には多くの城で導入された。

　ほとんどの落とし格子は建物内に引き込まれて、わずかに先端だけ突出している形のものが多かった。しかし中には楼門正面の凹部内が見えるように、吊り下げた状態でも剥き出しになっているものもあった。

　跳ね橋があるなしに関わらず、城門は金属で補強され、重厚な落とし格子を備えている場合が多かった。落とし格子は鉄を被せた木製格子戸が最も一般的だったが、さらに頑丈な鉄製もあった。

　有名な**カルカソンヌ**のナルボンヌ門にある落とし格子は、鎖で上下するタイプのものだ。鎖の一端は滑車に、他端は巻き上げ機に取り付けられ、下降させる場合は落とし格子の重量で一気に落とすことができる。一方で背後の壁から突出する2本の伸縮自在の水平梁(すいへいはり)により、落とし格子を好きな位置で固定することができた。その際、平衡錘(へいこうおもり)は金属棒にしっかり固定して、所定の位置に掛けておけるようになっている。また、落とし格子の頂部には1組の鉄棒が張り渡されており、これを壁から突出する鉄製のピンに引っ掛けて固定すると、落とし格子を上昇させることができない仕組みにもなっている。こうしてなるべく迅速に、かつ自在に開閉できる工夫が凝らされていた。

落とし格子で入口の防御を固める

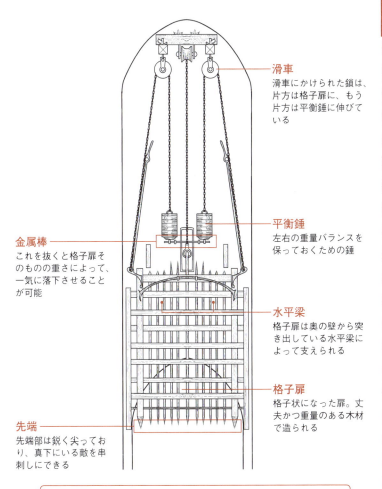

滑車
滑車にかけられた鎖は、片方は格子扉に、もう片方は平衡錘に伸びている

金属棒
これを抜くと格子扉そのものの重さによって、一気に落下させることが可能

平衡錘
左右の重量バランスを保っておくための錘

水平梁
格子扉は奥の壁から突き出している水平梁によって支えられる

格子扉
格子状になった扉。丈夫かつ重量のある木材で造られる

先端
先端部は鋭く尖っており、真下にいる敵を串刺しにできる

ナルボンヌ門の落とし格子
落とし格子を下降させる際は、2本の支持梁と平衡錘を固定する金属棒を取り除く。あとは落とし格子自体の重要によって一気に落下させられる

関連項目
●城塞都市の門の守り方→No.064　　●カルカソンヌ（フランス）→No.082

No.031
門扉は城塞都市防御の要

城門の基本的要素である門扉は、城塞入口における防御の要。頑強に造ることはもちろん、すばやく開閉できることが重要だった。

●門扉こそが入口防御の要

　跳ね橋や落とし格子は入口の防御力を高めた。だが、それらはあくまで**城門**を補強するものとしての役割である。門扉そのものはほとんどが木製で、側面に蝶番（ちょうつがい）を付けた両開きになっており、入口通路の両端にひとつずつ設置されていることが多かった。しかし城門には他にも多数のデザインが存在し、仕組みもそれぞれ違った種類のものがある

　頂部吊り下げ式の門は、跳ね橋のメカニズムから着想を得たものだ。巻き上げ機が城門の通路上部などに設置され、制御できるようになっていた。この場合、水平吊り下げ式の門では、門扉の重量を利用して一気に下ろすことができた。

　似た形のものでは、中央吊り下げ式の門もあった。やはり跳ね橋の技術を応用したものだが、この場合は城門の頂部において、門扉中央が旋回する形式だった。門扉の重量で一気に下ろせるメリットも同様だ。

　それとは別に、かんぬきで門扉を閉ざすタイプのものもあった。引き出し式のものは、かんぬきが不要なときは、戸口の朝顔口の片側にある長い受け口部に収容されるようになっていた。門扉を固定する必要があるときには、即座に引き出して門扉に渡し、朝顔口の反対側にある差込口に収納することができる。

　同じかんぬきでも旋回式だと、門扉は石枠に蝶番式で固定され、かんぬきは門扉を固定するために片方の扉に旋回可能な状態で取り付けられている。閉鎖するときは、かんぬきの両端を隣の壁に切り込まれた溝の内部に挿入することで門扉を固定した。

　また、14〜15世紀にはイエッツと呼ばれる鉄門がイングランド北部やスコットランドで一般的に使われた。

門扉はすばやく開閉し、固定できるように

頂部吊り下げ式の門

てこの原理を利用して、人力で引っ張ることによって門を開ける

中央吊り下げ式の門

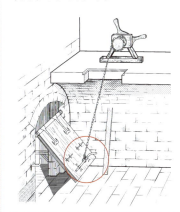

巻き上げ機を回して鎖を巻いて、門を上げる仕組み

かんぬき（引き出し式）

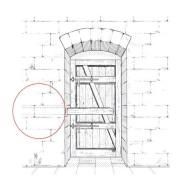

平常時はかんぬきを壁の穴に収納。敵の襲来時はこれを引っぱり出して、扉を開かないようにする

かんぬき（旋回式）

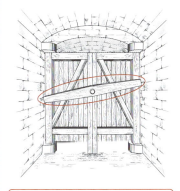

扉を開けるときはかんぬきを縦にし、扉を開かないようにするときはかんぬきを横にする

関連項目
- 城塞の内と外をつなぐ跳ね橋→No.029
- 城塞都市の門の守り方→No.064

城塞都市の外で暮らす人々

　13世紀ごろまでの中世ヨーロッパの城塞都市には、貴族から庶民まで多くの人々が住んでいた。しかし、その地域に暮らす者全てが居住していたかといえば、そうではない。ほとんどの農民は、同じく農作業を仕事にする者たちと村落を形成し、城塞都市の外に暮らしていたのである。

　その当時、ヨーロッパの土地はまだ開拓が進んでおらず、そこを開墾あるいは干拓してより豊かな恵みを生む土地にすることが農民たちの仕事だった。その主な場所が森林だ。家畜を放牧することができ、木材や薪を得られる森林は農民たちが収入を得るのに不可欠な場所だった。

　当時は「戦う者」「祈る者」「耕す者」という3つの身分に分かれていた。戦う者は、有事の際には身をていして戦う貴族のこと。祈る者はキリスト教の聖職者。そして耕す者は農民のことである。戦う者＝貴族は人口の2％しかおらず、それ以外のほとんどは耕す者＝農民であった。しかしながら両者の間には大きな身分格差があり、農民は搾取するのが当たり前と考えている領主の中には、森林から得られる利益を独占しようとする者もいた。

　伐採した木材を売った際にはその金の何割かを納めるよう命じられるのだから、農民たちにしてみれば当然おもしろいはずがない。ときに農民たちは領主と激突した。1524年にはドイツ農民戦争という大規模ないさかいに発展。結果、この反乱劇に加わった農民たちの多くが処刑されるに至った。

　たとえ領主に搾取をされても、黙々と農作業に従事する農民は森林から出る機会がほとんどなかった。とはいえ、農村の村人はたまにではあるが城塞都市を訪れることもあった。村の特産物と城塞都市で売っているものを交換する、都市内に住む領主との話し合いにおもむくなどが、城塞都市へと足を運ぶ主な理由である。そのため、村落と城塞都市の間には道と呼べるものが存在して、城塞都市の住人とそれ以外に住む人をつなぐものとして重宝された。

　時代を少しさかのぼって10世紀の中世ヨーロッパ。主に地中海沿岸の地域の村では、インカステラメントという様式が取られた。これは高い場所に建てられた城の周りに農民が住むというあり方である。城を中心として円を描くように家が建ち、それを壁で囲んで防御性を高めていた。いわば城塞都市ならぬ城塞村といったところである。

　このような"城塞村"は標高の高い場所や崖の上にあり、まるで鳥が巣を作るような場所にあることから、「鷲の巣村」あるいは「鷹の巣村」と呼ばれていた。南フランスのコート・ダジュールには鷲の巣村が多くあり、今もその姿を残している。特に有名なのがモナコからほど近いエズ。まるで迷路のように入り組んだ町は美しく保たれており、その雰囲気は中世そのもの。世界中から人々が訪れる有名な観光スポットとなっている。

第2章
城塞都市の人々の暮らし

No.032
防衛上も重要な役割を果たす井戸

生活する上で必要不可欠な水を確保するため、城塞内部には必ず井戸があった。また水は防衛上も非常に重要な役割を果たした。

●生活だけでなく防衛上も重要だった水

　城塞都市に住む人々にとって水は必要不可欠だ。飲料、洗濯、料理、醸造、掃除など日々の生活にとって欠かせない水は、信頼できる供給源が非常に重要となる。そのため城塞内には必ずひとつ以上は井戸があった。中庭にあることもあれば、塔のようなさらに頑丈な施設の内部に収容されていることもあった。貯水設備が設置されている場合もあり、雨がめったに降らない中東のような地域では特に重要な施設だった。

　また、防御拠点としても井戸は重要だった。水は守備隊の生死に関わるばかりでなく、攻囲軍の攻撃によって引き起こされる火災を鎮火しなければならない場合があるからだ。そのために複数の井戸や貯水槽を備えることは、軍事的側面から見ても不可欠であったことがわかる。

　西ヨーロッパでは井戸が主要な水源だった。大部分の城では単なる地中の穴だったが、水を汲むための巻き上げ機を上部に備えていたと考えられている。井戸の穴も壁のない掘りっぱなしのものもあれば、石造壁で直線にそろえられたものもあった。貯水槽についても、地中に深い穴を掘り、通廊を付けただけの単純なものから、直接入ることのできるようになった露天貯水槽もあった。さらにこったものでは、あふれた水を排水する導管や濾過槽（ろかそう）などを備えた立派な施設もあった。

　サウスヨークシャーにあるコニスボロー城の井戸は大塔内に設けられていた。井戸は丸天井付きの地下室の床内部に設置され、2階の高さから穴を通じて汲み上げられるようになっている。さらに建物内にある井戸の中には、水を汲む準備が必要な場所で特別な個室に収容されているものもあった。サセックスにあるボディアム城では、井戸室は台所の横の隅塔（すみとう）（城内の敷地または城壁の四隅に位置する塔）の地下にあった。

井戸は城塞にとって最重要な設備

生活用水としてはもちろん……

攻囲戦のとき鎮火するのにも必要

関連項目

●火を使った攻防→No.060

No.033
トイレ・排水（便所用の塔）

生活の場として城塞内でも水回りは重要である。11世紀ごろから多くの城で建物内にトイレが設置されるようになっていた。

●単純な設備ながら多くの城にトイレがあった

　トイレが初めて城塞に設けられるようになったのは11世紀ごろのことだった。ガルドローブと呼ばれる城壁を突出させた部分に死角を作り、そこに丸い穴の開いた石の座面を据え付けたものである。使用者が丸穴から用を足すと、排泄物が直接、城塞の城壁下部や城塞直下の堀、河川、湖沼に落下するという仕組みだ。初歩的な下水処理システムを備えているところでは、排泄物が城塔の最下層に運ばれていき、大きな肥溜めのようになっていた。この肥溜めは1年に1～2回、農夫たちがきれいにしなければならなかった。他にも居住者は寝室用おまるも使用し、中身は壁越しにぶちまけていた。

　後の時代になると、ガルドローブと肥溜め、あるいは堀を結ぶ管が設置されるようになった。イーストヨークシャーにあるレスル城では、便所用の小塔が建てられた。包囲型突出部といわれる構造は汚物を封じ込め、より効率的に排出できるようになっている。

　水を使用する排水設備全般に関しても、やはり城の建物内部に設置されていた。食事前に手を洗うことは重要な儀式とされ、排水口のある水盤が設けられた。水を大量に使う台所には専用の大きな流し台が据えられた。使用済みの水は排水口から流れるようになっており、排水口は外壁上の吐水口へとつながっていた。

　少数の大規模石造キープでは、鉛管を用いた下水処理システムを持っているところもあった。この技術自体は古代ローマ時代からあったが、鉛管が希少だったため、あまり一般的ではなかった。**衛生面**はそれほど優先すべきとは考えられておらず、有力な領主ですら、入浴するのは1年に多くて2～3回程度だった。

ガルドローブ(トイレ)と水盤

●ガルドローブの仕組み

外観

断面図

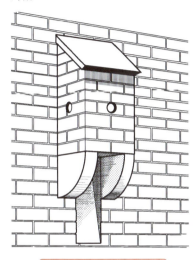

ガルドローブは城壁からせり出すようにして作られていた

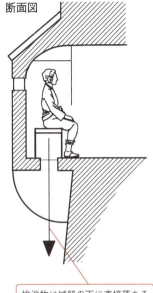

排泄物は城壁の下に直接落ちる

●水盤

食事前に手を洗うことは重要な儀式だった

関連項目

●ひどい衛生状態→No.038

No.034
城塞都市における農業

城塞都市では食料となる農作物を近隣の畑から収穫されるものに頼っていた。穀物や果実、干し草などが栽培されて消費された。

●農作物は周囲の畑から運ばれてくる

　城塞都市で暮らす人々が食べる農作物の大半は、近隣にある畑で収穫したものだった。畑を耕作する農民は近くの村に住んでおり、戦争が起きた際には、**家畜**とともに城塞内に避難して難を逃れていた。

　中世の主要作物は、小麦、大麦、ライ麦、オート麦といった穀物類。ヨーロッパ北部のほとんどの地方では、大麦は小麦と同じくらい重要だった。大麦は寒さに強く、ビールの原料にもなるからだ。南方ではワインが好まれ、小麦の方が重要だった。オート麦は一般的に家畜の餌とされたが、飢饉のときには備蓄する食料に含まれた。

　果物も果樹園で栽培されていた。当時の果物は珍味とされ、ほとんどがコンポート（煮詰めたもの）として調理されたり、乾燥させて冬期のために備蓄する用途に使われた。また、果実ワインやリキュールの原料にもなった。最も栽培されたのはブドウで、ワインはフランス、イタリア、スペインにおいて富の源泉となった。リンゴ、梨、桃、サクランボなど今日知られている品種のほとんどが、中世を通じて品種改良されたものなのだ。柑橘類については地中海沿岸地域でのみ知られている高価なものだった。

　中世の農作業は大変な重労働である。畑を耕し、種をまき、秋に作物を刈り入れるために、一年中休む暇などまるでなかった。どんな天候でも朝暗いうちから起きなければならなかった。種まきは、首や腰に吊した布袋に入れた種を手でまく。鋤で土を掘り起こすときには牛に引かせた。干し草作りも大切な仕事だった。家畜の餌になるからである。男たちが大鎌で草を刈り、女たちが寄せ集めて干し草の山を作った。できあがった干し草は馬に引かせた干し草車に乗せ、農作物とともに城塞内にも運ばれた。城塞都市内にも菜園はあったが、ごくわずかなものだった。

近隣の畑が城塞都市の食を支えた

畑は城塞都市の外にあり、そこから城内に持ち込まれて領主や貴族、兵、庶民の食料となった

周囲の畑で獲れた作物が城塞内に運ばれ消費される

城塞都市で消費された主な農作物

関連項目
●城塞都市における畜産→No.035　　●城塞都市の住民はふだん何を食べていた→No.036

No.035
城塞都市における畜産

城塞都市ではさまざまな種類の家畜が飼われていた。肉を食べる他、乳を加工したり、毛皮を衣料に用いたりした。

●食用・衣料・攻囲戦の武器にも使われた家畜

　城塞都市で飼育される家畜は主に食用とされた。城庭で飼ったり、外の野原で放牧して、夜や危険が迫ったときに中へ入れるようにしていた。冬が来ると、多くの家畜が食肉として処理される。冬の間は作物がとれず、春まで飼料がもたないからだ。肉は塩漬けか燻製にして、貯蔵室に吊して保存された。

　食用の家畜としては、ニワトリ、鴨、ガチョウ、クジャク、ウサギ、豚などが城塞の下ベイリー（郭）で飼われていた。このような形式はフランスで多く見られ、上記の動物を今日でも「アニモー・ドゥ・バスクール」、すなわち「下ベイリーの動物」と呼ぶのはそのためである。乳牛も城塞都市の近くで飼われていて、牛乳とその副産物を供給。副産物の方は城塞都市内のバター醸造所で醸造された。

　中世の動物は現在のものに比べて、体型が小さく痩せていた。そのため肉や乳はそれほどとれなかった。たとえば羊なども現在の種より小さく、痩せていたが、皮は羊皮紙になり、羊毛は衣類に欠かせなかったため、とても有益な動物だった。ウサギも食用の他、毛皮を利用した。豚はイノシシに似た姿をしており、現在の豚のように太っていなかった。そこで食用以外にも、レトリバーと同様に訓練され、密猟するときの猟犬代わりにも使われていたのである。

　攻囲戦時にはひづめのある家畜類をベイリー内に収容し、必要に応じてと殺した。これは、腐敗した家畜の死体を攻撃に用いたのである。だが、ときには籠城側は死体が腐る前に城壁の上に運び出し、わざと焼いて見せつけるようにした。食料供給が豊富であり、攻囲戦が無駄であると敵に誇示してみせるためだ。

城塞では多くの家畜が飼われていた

●アニモー・ドゥ・バスクール

下ベイリーの動物

ニワトリ・鴨・ガチョウ・クジャク・ウサギ・豚など

食べる以外の家畜の利用法

① と殺して腐敗させ、敵陣に投げつけるという攻撃方法
② と殺した肉を城壁の上で焼き、食物が豊富であると敵に見せつける

●用途の広い羊は特に有益な動物

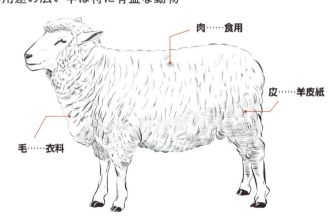

肉……食用
皮……羊皮紙
毛……衣料

No.036
城塞都市の住民はふだん何を食べていた

中世の城塞都市では、裕福な家庭と貧しい家庭では食べるものがかなり違っていた。畜肉は副産物を含め、無駄なく利用された。

● **裕福な家庭は毎日肉、貧しい家では豆類**

　肉類については、裕福な家庭でのみ常食された。主食のパンを補うものとして、ほぼ毎日食卓にのぼったという。牛肉、羊肉、子羊の肉、鹿肉、それに鶏肉などをローストしていたのは、城塞の厨房にある暖炉。牛一頭が丸焼きできるほどの巨大な暖炉が少なくなかったようだ。他にも細かく刻んでシチューに入れられることもあった。

　農民にとって、肉類はめったに食べられないご馳走だった。農民たちの狩猟は一般に禁止されており、あくまで遊興として**領主**とその側近にのみ許されていたからだ。そのため農民たちは鹿の内臓などの狩猟の余りで我慢していた。

　都市部では市民が豊かになるにつれて肉の消費量が増していった。中でも豚肉は塩漬けで保存されることが多く、深い森で覆われた北方、中央、東方ヨーロッパでは燻製による保存が行われていたようだ。血、肝臓、腎臓のような副産物はソーセージの材料に使われ、比較的長期間保存が可能だった。

　一方、野菜の消費量だが、これはそれぞれの土地の状況で大きく異なっていだようだ。現代でもなじみの深いキャベツは昔からあらゆる場所で収穫されており、そのことからあまりありがたみのない野菜であったと伝えられている。中央及び東ヨーロッパではザウアークラフト（キャベツの酢漬け）にして樽の中で保存した。

　ヒヨコ豆、レンズ豆、空豆といった豆類は、貧民にとって貴重なタンパク源だった。これらはそのままか、乾燥してから調理され、冬のために備蓄された。カリフラワーやケールといった緑黄色野菜はあまり一般的ではなかった。根菜はニンジン、カブ、ビートなどが食べられていた。ほとんどの野菜はスープやシチューとして調理され、生野菜サラダを食すようになるのはルネサンス時代になってからである。

貧富の違いが食卓の料理にも表れる

●領主など金持ちの食べるもの

- 鶏の丸焼き
- パン
- 牛、羊、子羊、鹿などのロースト肉

●貧しい人の食べるもの

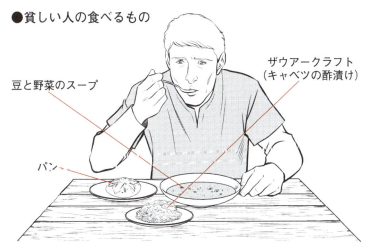

- ザウアークラフト（キャベツの酢漬け）
- 豆と野菜のスープ
- パン

関連項目

●領主の暮らしぶり→No.051

No.037
冬や籠城に備える非常食

作物のとれない冬期や籠城する攻囲戦時に備えて、城塞都市では非常食を保存した。肉類の他、果実や魚類も使われていた。

●冬期や攻囲戦時に備える

　城塞都市にとって食料の備蓄は重要な問題だった。なぜなら冬の間は何も収穫できないからである。豚肉は塩漬けにされ、血や肝臓、腎臓といった副産物からソーセージを作って保存した。また、肉類は燻製にされることも多かった。それでも腐りかけていることが多く、臭みをごまかすためにハーブやスパイスで強い風味のソースを作って調理した。

　さらに作物のとれない冬期は、人間の食べるものだけでなく、**家畜**の飼料も頭の痛い問題だった。そこで冬が来る前に多くの家畜がと殺されることになる。

　食料の備蓄に関しては、冬期の問題以外にも、攻囲戦になったとき籠城に持ちこたえるための需要もあった。そのため城塞内には軍需品の保管庫の他に、食料の備蓄庫が備えられる場合があった。

　攻囲軍に囲まれた城塞では、女たちの役目は戦う兵士たちに食料を運ぶことだった。緊急時には他の住民も、それぞれの家庭から食料を持ち寄った。こうして集められた食料は配給制となり、住民はめいめいの割り当て分を受け取ることになる。

　また四旬節にはヨーロッパ中で魚類が大量に消費されたが、魚類はどこでも簡単に手に入れられるものではなかった。沿岸地方から輸入しなければならず、沿岸で塩漬けして樽に詰めてから内陸へと運ばれた。魚類の通商はきわめて利益の上がる商売で、輸送にかかる通行料や売上税を徴収していた領主や都市にとっても旨味のある商いだった。

　果物も乾燥させて冬期のために備蓄されていた。干しブドウ、干しスモモ、ナツメヤシの実などがドライフルーツにされて、城塞都市の人々の食卓に上った。

困難な時期を乗り越えるための非常食

冬の間は収穫できる農作物がない

大麦　小麦　ライ麦　オート麦

ふだんから備蓄をしておく必要がある

●備蓄された主な非常食

豚肉の塩漬け、ソーセージ、燻製肉、干しブドウ、干しスモモ、ナツメヤシ

籠城時には食料の支給も大忙し

籠城時の役割

兵士
城壁から弓などで敵を迎撃する

庶民
食料不足の際には自宅から食料を持ち寄る

女性
戦闘中の兵士に食料を届ける

関連項目

●城塞都市における畜産→No.035

No.038
ひどい衛生状態

中世の衛生観念は現代のものとはまったく違う。領主でも年に数回しか入浴せず、掃除もめったにしないのが常識であった。

●悪臭が漂い、寄生虫にたかられるのが当たり前

　城塞での生活は、近隣の村落などに比べれば、豪華で快適だったと考えられる。しかし、近代以降の衛生観念からするとひどいものだった。**ガルドローブ（トイレ）** が城塞に設けられたのは11世紀ごろ。丸い穴に出された排泄物はそのまま城壁下部や直下の堀、河川、湖沼に落とされていたから、それはひどい悪臭を放っていたことだろう。

　また、ほとんどの城塞には浴室がなかった。城主や城主夫人が入浴を所望したときは、召使いたちが4階か5階にある寝室までお湯を運ぶ。それから城主は腰湯に浸かった。だが、それでも入浴するのは年に1回か、多くて年に2〜3回くらいのもの。クリスマスや復活祭、精霊降臨祭といった主要な祭日や、結婚式などの特別な日に限られていた。

　そのような調子だから、寄生虫が最下層の皿洗い女から城主に至るまですべての人々にたかっていたとしても不思議はない。近隣の村落や町ではプロのシラミ取りが商売をしていたほどだった。

　城塞の床にはイグサが敷かれていたが、大事な祝宴の日が近づいた際の数カ月に1回掃除するだけ。ノミにとっては理想的な繁殖地だ。また、領主の猟犬は大ホールだけでなく、領主のベッドにも入ることが許されており、**ペスト**の優秀なキャリア（保菌者）となった。寝具にはトコジラミが珍しくなかったが、それも1カ月に1度くらいしか洗濯や乾燥をしなかったからである。

　暑い夏にはハエが厨房の食料の周りを飛びまわり、ゴミは床を覆うイグサに集められ、排泄物はガルドローブの下に溜まり、そこら中に細菌をまき散らしていた。しかし中世には細菌と疫病の関係は知られていなかったので、人々は何食わぬ顔で不潔な生活を送っていたのである。

近代以降とはまったく異なる衛生観念

ガイドローブ（トイレ）

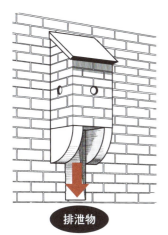

排泄物は城壁の下に溜まりっぱなし

領主でも入浴するのは年に2～3回

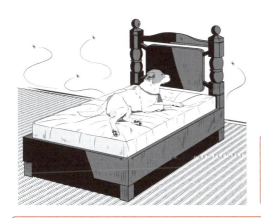

領主のベッドに猟犬が潜りこみ、そこら中にシラミがたかり、掃除も数カ月に1回、悪臭が漂い、ハエが飛びまわる

不衛生な環境はノミや細菌の理想的な繁殖地

関連項目

● トイレ・排水(便所用の塔)→No.033　　●黒死病(腺ペスト)の蔓延→No.039

No.039
黒死病（腺ペスト）の蔓延

14世紀中ごろ、突如として黒死病の災禍がヨーロッパ中を席巻した。無力な医療のもと、人口の3分の1が死亡する結果となった。

●あやしげな治療に頼るしかなかった中世の人々

　14世紀のヨーロッパでは黒死病（＝腺ペスト）が蔓延し、大変な数の死者を出した。中でも都市の死亡率は高く、イタリアのベネツィアでは60％に達した。また、フランスのアビニョンでは6週間のうちに1万1000人の死体が埋葬されたという。住民全員が死ぬか逃げるかした地域もあった。

　この病魔の大流行に医者は無力だった。中世の医者の多くは、病気の原因がすべて毒性の発散物、すなわち悪臭にあると考えていた。治療は香りが出る粉を火にくべ、火をつけた細いろうそくを燃やす。あるいは、乾燥させたオレンジにハーブや甘い香りのにおい玉を詰めて、それを鼻に当てるという方法もあった。中には、患者を**下水道**に座らせる医者もいた。排泄物の臭いが毒性の発散物を追い払ってくれると考えたようだ。

　治療薬を処方する医者もいたにはいた。しかし、そのような医者にかかれたのは金持ちだけだった。丸薬の形で与えられた薬の成分は、煮込んだタマネギ、10年ものの糖蜜、ハッカやアロエといったハーブ類、ヒ素やカルアンモニアクといった金属製の粉、さらには砕いたエメラルドまでが含まれていた。が、このような高価な薬も黒死病を治すことはできなかった。

　死人が続出する状況に、人々は荒れに荒れた。庶民は働かなくなり、酒場を飲み歩いては現実から逃れるように浮かれ騒いだ。黒死病が蔓延するのは異邦人のせいだと決め付けて拷問をしたり、さらには虐殺に至るケースも少なくなかったという。

　14世紀半ばになると、黒死病の猛威はようやくヨーロッパを去ったが、当時のヨーロッパの全人口の3分の1ともいわれる多数の死者を出した。しかも黒死病はその後も何度か人々を襲い、16世紀までおよそ4年から12年ごとに流行を繰り返したのであった。

中世の医者はペストの原因を悪臭と考えた

●あやしい医者のあやしい治療

病気の原因は毒性の発散物(悪臭)である

香りが出る粉を火にくべ、細いろうそくを燃やす

甘い匂いのするにおい玉を鼻に当てる

タマネギやハーブ、金属の粉などを煮詰めて作った丸薬

どの治療法も効かず、多くの人々が死亡した

関連項目
●トイレ・排水(便所用の塔)→No.033

No.040
娯楽（吟遊詩人・スポーツ・ギャンブル）

城塞都市では王侯貴族から庶民まで、誰もがさまざまな娯楽に興じた。吟遊詩人や旅芸人、行商人などが最新の話題を提供した。

●祝日の娯楽には目がない中世の人々

　城塞都市にもさまざまな楽しみがあった。王や領主、貴族といった人々は狩猟や鷹狩りをし、騎士は馬上槍試合で強さを競い合っていた。その他レスリングや荒っぽい球技といった、危険をともなうスポーツを楽しんでもいたようだ。また、当時の人々は大人であっても子どものする遊びを楽しんでいた。例えば目隠し遊び。大の大人が男女を問わず目隠しされた鬼となり、他の仲間を追いかけ回していたのである。

　室内でゆっくり過ごすときには、ボードゲームをしたり、音楽や物語を吟唱する旅芸人を呼んで耳を傾けた。吟遊詩人は太鼓や手回し風琴の楽の音に合わせ、自身もホーンパイプを吹きながら詩を吟じた。ロランのような伝説の英雄の武勲詩を暗唱するものもあれば、貴婦人への愛を歌ったものもあり、アーサー王の騎士団を始めとする騎士道物語も人気があった。吟遊詩人の他、旅芸人などがこの種の娯楽を提供したが、道化師を抱える王や貴族たちもいた。

　また、聖なる日には宗教祭が行われた。この日には身分の低い人々も労働から解放される祝日であった。休日のことを「ホリデー」と言うのは、この聖なる日「ホーリー・デー」が語源だ。

　聖なる日には市場が開かれることも多く、旅商人や行商人が城塞都市にやってきては最新の商品や話題を提供した。さまざまな娯楽が行われ、格闘技、ダンス、フットボール、アーチェリー、闘鶏、熊イジメ（鎖でつながれた熊に犬をけしかける遊び）などがあった。人々はこうした遊びに興じ、ミサに参加するよりも酒場にたむろし、**教会**の戸口で議論を交わした。しかし、教会はこのような娯楽には批判的だったようだ。イタリアの詩人ペトラルカによれば「人々の踊り方といったら、地獄の沙汰だ」と教会関係者が言っていたそうだ。

聖日の祭では市場が開催された

●音楽や物語を吟唱する旅芸人は人気者だった

ホーンパイプを吹く吟遊詩人

他にも
狩猟や鷹狩り
レスリング
球技
ボードゲーム
ダンス
フットボール
アーチェリー
闘鶏
熊イジメ
など

手回し風琴を弾く楽士

太鼓を叩く楽士

聖なる日は、身分の低い労働者も休みになる。城塞都市内では市場が開かれた。また、多くの娯楽で盛り上がったが、教会関係者はこれに対して批判的だった

関連項目

●礼拝と教会→No.043

No.041
城塞都市内で守るべき規律

中世社会は厳格な封建制度のもとで成り立っていた。城塞都市においても男尊女卑の教えは根深く、犯罪者への刑罰は残酷だった。

●男尊女卑の封建制度と残酷な刑罰

　中世の西ヨーロッパでは、封建制度と呼ばれる体制が社会の基盤となっていた。この封建社会における最高位は領主である。貴族は兵力になる代わりに**領主**から土地をもらい、農民は労働力を提供する代わりに土地の一部を貸し与えられた。といっても、農民たちの多くは貴族の個人的な所有物であり、ほとんど何の権利も与えられていなかったのが現実である。

　男尊女卑の考え方も一般的だった。ローマ・カトリック教会の影響が強い社会では、政治と権力を握っていたのは常に男性だった。女性は外では笑わず、顔を隠していなければならないとされていた。歩くときは視線をまっすぐ前に向けているよう教えられた。女性は出産だけが大事な務めとされていたからである。

　貧困と凶悪犯罪は、当時の生活の中でありふれた出来事だった。都市には数多くの事件の記録が残されている。たとえばロンドンの小売商人ウィリアム・デ・グリメスビーの事件。1322年1月のある火曜日の夜中、グリメスビーは弓職人レジナルド・デ・フリーストーンを殴り殺した。理由は、弓職人の騒々しい歌声と叫び声のせいで眠れなかったからだという。グリメスビーは罰として財産を没収されたが、小さな豚2匹と壊れたテーブル、使い古した麻のシーツや毛布が1枚といっただけであったという記録が残されている。

　当時の尋問では、拷問を行うことが普通だった。刑罰も残酷で、民衆の前ですぐさま行われた。1317年、サー・ギルバート・ミドルトンは司教を待ち伏せして強盗を働いた。逮捕されて有罪になると、彼は市街を引きずり回されながら絞首台まで連れて行かれた。そして首を吊された後、まだ生きている状態で下に降ろされ、打ち首にされたのである。さらに頭部や四肢はバラバラにされ、各地に送られて見せしめにされた。

厳格な身分制と残虐な罪と罰

● 封建制度の体制が社会の基盤

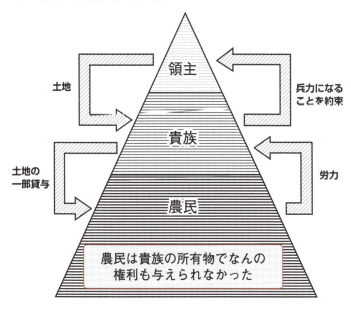

残虐な中世社会

貧困と凶悪犯罪が日常生活にはびこっている
拷問も当たり前で、罪人は民衆の前で絞首刑にされるなど残酷なものだった

● 男尊女卑の考え方が一般的

女性は差別されていた

| 政治や権力に関われない | 外で笑ってはいけない | 大事な務めは出産だけ |

関連項目

● 領主の暮らしぶり→No.051

No.042
学校など教育機関

14世紀ごろの都市では急速に教育機関が発展した。裕福な家庭の息子は大学にも行ったが、残虐な暴力事件が絶え間なく起こっていた。

●急速に普及した教育、一方で暴力沙汰も

14世紀ごろになると、**領主**の息子は修道院付属学校（男子のみ）で教育を受けたり、貴族の家で騎士見習いになったりした。裕福な家庭の娘も修道院付属学校（女子のみ）へ行ったり、あるいは家で専属の家庭教師をつけて教育を受けたりすることもあった。

一方、裕福でない子どもの場合、フランスやドイツでは「リトル・スクール」に通うのが常であった。そこでは男女が一緒に宗教、行儀、歌、計算、それにラテン語を少し勉強した。他にも、修道士が修道院の城壁の外にあった建物で学校を作って、修道士や修道女と同じように子どもたちに勉強を教えることもあった。

やがて都市や貿易が発達していくと、商人たちは息子にもっと高い教育を望むようになっていく。こうして作られたのが、ドイツでは「シュタットシューレン（国の学校）」であり、イギリスでは「グラマースクール（伝統的教育機関）」であった。すべて男子校で授業料はない。だが、当時の本や紙、インクなどは非常に高価だったため、教育そのものには金がかかった。

黒死病の災禍が過ぎた後、いくつもの大学やカレッジが創立された。インテリ男性の多くが死んでしまったからだ。1348年に創立されたプラハ大学、1379年創立のオックスフォードのニューカレッジなどが有名だ。

大学生活は決して快適ではなかったようである。学生たちのほとんどは聖職者だったにもかかわらず、一般人と同じように暴力的で、しつけができていない人間だったからだ。オックスフォードでは学生が追いはぎを働き、パリでは夜な夜な学生が講堂に女を連れこんでいた。大学が学生に対して、「難しい問題を出した試験官を刺し殺すことを禁じる」などという宣言を出さねばならなかったほど荒れていたのだ。

学校は増えたが学生は荒れていた

●裕福な家庭の教育

領主の息子が通う　　　　　　　　裕福な家庭の娘が通う

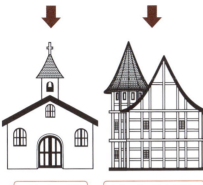

| 修道院付属学校 | 貴族の家で騎士見習い | 修道院付属学校 |

●裕福でない家庭の教育

裕福でない家庭の子どもが通う

教わる内容
- 宗教
- 行儀
- 歌
- 計算
- ラテン語

男女が一緒に学ぶ

リトル・スクール

黒死病の後、大学も次々と創立されたが、勉学に励むはずの学生は追いはぎや淫行、暴行、殺人などをはたらく荒れようだった

関連項目

●領主の暮らしぶり→No.051

No.043
礼拝と教会

信仰心にあつい中世の人々にとって、教会の礼拝式は重要な生活の一部だった。だが、裕福になった教会はしだいに腐敗していった。

●金と権力に溺れて腐敗していく教会

中世ヨーロッパの人々は信仰心にあつかった。赤ん坊が生まれたら教会で洗礼を受けさせ、死ぬと教会の墓地に埋葬された。この世では神に見放されることを恐れ、あの世で地獄に落ちることに怯えたのだ。貴族や裕福な商人は、死んだあと自分のミサを執り行ってもらうため、司祭に多額の金を残した。

教会は社会に不可欠な役割を担っていた。修道院長や司教は支配者たちの助言役となり、聖職者たちは政府や貴族に代わって手紙を書いたり、記録を取ったりした。修道院の中では、病気で動けなくなった地元の人々が看護係の修道士から看護を受け、貧しい人々は慈善係から施しを与えられた。また、旅人は歓待係の世話を受けた。これらの奉仕にかかる費用として、王や貴族たちは教会に土地や金を与えた。さらに教会は農民の生産物と、商人の売上の10分の1を税金として取り立てた。

その結果、やがて教会は裕福になり、同時に権力をもつようになっていく。軍隊を従え、馬で戦場へ駆けつける司教の姿はまるで君主そのもの。教会の教えに背いていると疑われた者は異端者と呼ばれ、火あぶりの刑に処された。金と暴力を欲しいままにする教会は腐敗し、枢機卿の間でいさかいが起こることもたびたびであった。

大聖堂は都市の中央に造られ、ぜいたくな装飾とステンドグラスで飾られた。司祭は木製の内陣仕切りの向こうからラテン語で礼拝式を執り行った。ほとんどの人にとって礼拝式はつまらなく、意味のないものだったようで、信徒たちは礼拝の最中におしゃべりし、口論し、ケンカを始める者までいた。やがて人々は、ぜいたくと権力に溺れる教会を憎むようになった。1347年、イタリアのガエタの人々は法王の収税吏（税を徴収する者）をとらえた。牢屋に入れ、取られた税金を奪い返したのであった。

ぜいたくに飾られた教会

●人々の生活に不可欠な教会の役割

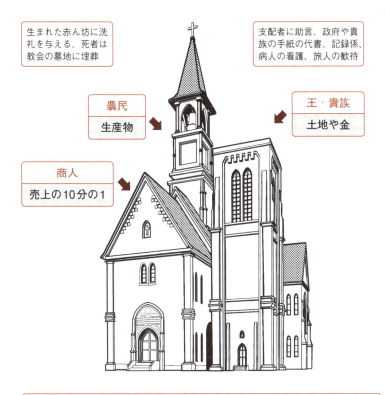

生まれた赤ん坊に洗礼を与える、死者は教会の墓地に埋葬

支配者に助言、政府や貴族の手紙の代書、記録係、病人の看護、旅人の歓待

農民
生産物

王・貴族
土地や金

商人
売上の10分の1

奉仕に対する見返りで教会は裕福になっていった

 その結果……

司教は軍隊を抱えるようになり、異端者は火あぶりの刑にされ、枢機卿同士で権力争いが起こった

関連項目
●罪人の収容はどこに？→No.045

No.044
城塞都市の一日

小規模なものが多かった城塞都市も、昼間は商人たちで賑わっていた。だが、日が暮れるとともに人々は窓を閉ざして家に閉じこもった。

●鐘の音と人々の喧騒に包まれた城塞都市

　城塞都市の1日は鐘の音で区切られた。というより、鐘はひっきりなしに鳴っていた。門が開くときや、市場、礼拝、市議会が始まるときを告げるのは鐘の音であり、また王妃が誕生したときなどにも鳴らされていたからだ。また、フィレンツェでは、労働の鐘が1日の始業と終業を告げていた。

　城塞都市の多くは規模が小さく、人口2000人に満たないものがほとんどだった。フィレンツェやパリといった大きな都市でさえ、人口は20万人に届かなかったほどだ。

　人口は少ないものの、城壁で囲まれた狭いスペースは人々がひしめき合う騒々しい空間であった。荷車や馬が丸石を敷き詰めたせまい通りをがたがたと大きな音を立てて行き交い、さまざまな情報を知らせる触れ役たちが定期市や家の売り出し、結婚式の予定などを大声で知らせ回った。また、行商人や小売商人たちが「コショウなどの香辛料はいかが」「牛のあばら肉に、パイもたくさんあるよ」と商品を売り込む声がそこかしこから聞こえ、物乞いが施しを求める叫びがそれに加わる喧騒ぶりだったようだ。

　その一方、城塞都市では**不潔**さが大きな問題だった。市議会は作業員を金で雇い、ゴミの清掃をやらせていたが、通りの汚さに対する苦情はやむことがなかった。人々がみなゴミや排泄物を通りや川に投げ捨てていたからだ。都市に漂う臭いのひどさに、外国の商人たちが臭いがなくなるまで訪問しないと告げたほどだった。きれいな水を買う余裕がない人々は、都市にある泉や裏庭の井戸、あるいは川から水を汲んでこなければならなかった。

　明かりもない夜は盗人たちの天国だった。都市では日暮れとともに城門を閉め、消灯の鐘を鳴らした。それを聞いた住民たちは、鎧戸を閉めてドアにかんぬきをしてから床についたのであった。

鐘の音と人々の声に満たされた昼

●鐘の音と人々の声に満たされた昼

城門前

朝を告げる鐘の音を合図に、城門が開かれる

通り

荷物を積んだ馬車がやってきて、道を通る

市場

都市の商人や行商人が声を出し、さまざまな物を売る

広場など

触れ役がベルを鳴らして、結婚式の予定などを告げる

●市民たちの1日

鐘の音とともに労働開始	食事は屋台街でする	仕事が終わったら
商人は衣服などの取引をする。農民が都市を訪れて家畜や農作物を売ることもあった	独身男性の多い都市では、屋台での食事が主流。タルトや揚げパイなどが売られていた	パン屋兼飲み屋のような店で酒を飲む者もいたが、安全面から早めに帰宅していた

閉ざされた夜

「今日はどの家を狙うかな ヒヒヒ」

真っ暗になると、泥棒たちの時間。獲物を探して徘徊

↓

そのため市民たちは鎧戸を閉めてドアにかんぬきをした

関連項目

●防衛上も重要な役割を果たす井戸→No.032　　●ひどい衛生状態→No.038

No.045
罪人の収容はどこに？

罪人や捕虜をとらえたとき、城のどこに収容したのだろうか？ 城塞都市での囚人の扱いは、中世とそれ以後で異なっている。

●初期は城塔の最上階、ルネサンス以降は地下牢

　城塞都市の中でも、とりわけ堅固な城は囚人を閉じ込めるのにうってつけに見える。だが、実際に城が罪人の牢獄として使われるようになったのは中世以後のことだ。それまでは常に即決裁判で、罰金や手足切断、あるいは死刑が執行されたため、罪人を長期間収容する必要がなかった。城での拷問、幽閉、処刑が登場する物語は、そのほとんどが17〜18世紀以降に書かれたものである。

　それでは、囚人はいったい城のどこに収容されていたのだろうか？　城の下層や地下というイメージを持つかもしれないが、そうではない。実は一般的に囚人は、脱獄が困難な城塔の最上階の部屋に収容されていたのだ。例えばウェールズ大公グリフィーズ。彼は父に反抗してイングランド王の名将ウィリアム・マーシャルを攻めたが逆にとらわれて投獄。逃げようとした際にロンドン塔から墜落した、という逸話もある。普通は城塞の中で最も高い場所はキープ、すなわちフランス語で言えば「ドンジョン」である。このことから「ダンジョン」という言葉が牢獄と同義語になったのだ。後のルネサンス時代になってから、牢獄の房が地下に設けられるようになり、城塞のこの部分がダンジョンと呼ばれるようになった。

　しかし、なおも「地下牢」といわれる部屋の多くは、酒や食糧の貯蔵所であり、めったに近づけない部屋だけが牢獄に使われていた。そういった部屋は「ウブリエット（秘密の牢）」とも呼ばれ、フランス語で囚人が忘れられ置き去りにされることを意味した。地下牢に収容された囚人は、首かせが付けられ、逃げられないように城の壁や柱などに鉄製の鎖でつながれた。シヨン城の地下室には、今でも柱に鉄の輪が結びつけられたまま残っている。ただし、地位の高い貴族などはこのような扱いを受けなかった。

牢獄は城塔の最上階から地下室へ

●牢獄がある主塔

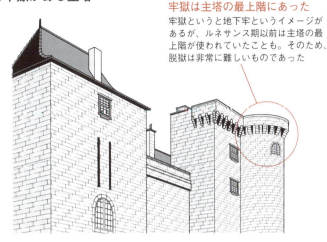

牢獄は主塔の最上階にあった
牢獄というと地下牢というイメージがあるが、ルネサンス期以前は主塔の最上階が使われていたことも。そのため、脱獄は非常に難しいものであった

初期の牢獄はキープ（ドンジョン）に設けられた

のちに囚人は地下室に収容されるになり、ダンジョン（ドンジョン）が牢獄の意味を表すようになった

地下牢で囚人は首かせにつながれたが、地位の高い者は特別な扱いを受けた

第2章●城塞都市の人々の暮らし

No.046
戦闘中の庶民

城塞都市が敵から攻撃を受けたとき、庶民もただ逃げ隠れするだけではなかった。男も女も兵士と一緒に敵に立ち向かったのだ。

●一般市民も戦闘に重要な役割をになう

　敵から攻撃を受けると、城塞都市では警戒の鐘が鳴らされる。すると司令官の命令が下り、ただちに兵士たちが戦闘配置につく。このとき、城塞の周囲に住む農民などは家畜とともに城壁の内部へと避難した。

　戦闘が始まると、一般市民も防衛に加わった。城塞都市では攻囲戦時の市民の役割は、兵士に負けず劣らず重要なものだった。彼ら一般市民は大きくふたつの集団に分けられる。ひとつは力の強い人々と武器を使える人全員。もうひとつは家族のある父親、年寄り、それに戦闘経験のない人々などが含まれた。残りの集団の人々は、城壁の防衛や日夜の巡回を担当していた。

　女たちの役目は、戦う人々に食料を運ぶことだった。食事の支度をするのも女たちの仕事だ。子ども連れで休む暇もなく、水いっぱいのバケツを汲んでは運ぶのは大変な重労働であったことだろう。水は飲用だけでなく、敵の攻撃によって起こる火事を消すのにも役立った。さらに女たちは怪我人の手当てもした。怪我人が出ると、町の家々に運ばれる。家は弾丸や火事に耐えられるように石造りの丸天井があり、しっかり建てられていたので、戦闘中の臨時病院として申し分なかった。

　戦っている間は、食料や水は厳しく割り当てで配給された。これは、兵士でも市民でも同様。細かく割り当てを管理すれば、もし戦闘が長引いて**籠城戦**になっても、十分持ちこたえられるからだ。

　攻囲戦が長く厳しいものになれば、すべての住民が自分たちの食料を軍隊用の店に集めなければならなかった。そして、それぞれが店で自分の毎日の割り当て分を受け取る。このように城塞都市では、兵士と一般市民が一体となって戦い、自分たちの町を守っていたのだ。

戦闘時には役割を分担し効率よく働いた

●戦闘が始まると、市民はふたつの集団に分けられた

力の強い人々、武器を使える人

➡ 戦いの前線へ

家族のある父親、年寄り、戦闘経験のない人々

➡ 非戦闘員かサポート役

残りの集団の人々は、城壁の防衛や巡回を担った

●女性の役割もいろいろあった

- ・戦う人々に食料を運ぶ　・食事の支度
- ・バケツに汲んだ水を運ぶ　・怪我人の手当　など

●攻囲戦が長引くと……

全ての住民

 食料の全てを渡す

軍隊用の店

住民A　住民B　住民C　住民D　住民E

集めた食料を均等に再配布する

関連項目

●冬や籠城に備える非常食→No.037

No.047
ミリシャ（民兵組織）

当初は限られた騎士によって構成されていた軍は、やがてミリシャと呼ばれる民兵組織による大規模な部隊へと代わっていった。

●民兵組織にほとんどの市民が参加

　城塞都市における守備隊は、城に駐屯して防備に努めた。彼らは養ってもらう代わりに領主のために戦って城を守った。やがて騎士は自分の地所に居を構え、交代で城の警備につくようになった。また、騎士の務めには戦時だけでなく、領主が外出する際に道中の警護にもついた。平時の城塞は少数の守備隊しか持っておらず、戦時でも数百あるいは数十人という規模が普通だった。

　しかし、こちらから攻め入る場合、大規模部隊を動員すると優位に立てる。それを示したのがミラノ攻囲戦だった。1158年、フリードリヒ・バルバロッサ（赤鬚帝）は、約1万5000の騎兵と5万弱の歩兵でミラノを攻囲した。兵のほとんどはイタリア出身だった。そして1カ月後、4万のミラノ住民は**降伏**した。

　この攻囲戦で大きな戦力となったのがミリシャ（民兵隊）だった。ミリシャは、人口の多い都市などで市民によって組織されたものだ。彼らは当時最も有力な軍だった。なぜなら、ほとんどの市民がこれに参加したからだ。ミリシャの兵士は平時には普通の市民として、商売や家内工業をして生活していた。

　他にも、イタリア半島には、軍を招集するための多くの手段があった。12世紀末にフリードリヒ・バルバロッサが第3次十字軍のために、3万人以上の軍を動員できたのは、歩兵の多くが同盟国からの派兵だったからだ。田園地帯の場合は、動員に封建的な関係を頼ることもできた。

　こうした大規模部隊の動員による戦闘は、攻囲戦のあり方をも変えた。それまで個々の要塞を目標としていたものが、諸都市全体を攻囲するようになっていった。それに伴い、築城デザインの革新も進んでいった。

ミリシャの登場で攻囲戦のあり方が変わった

「戦争は名誉あるわれわれ騎士の仕事。さあ、戦うぞ！」

戦争は騎士が戦うのが当然の時代だった

ところがミラノ攻囲戦の勝利で革新

1万5000の騎兵と5万弱の歩兵でミラノを攻囲

フリードリヒ・バルバロッサ（赤鬚帝）率いる大規模部隊に攻囲され、4万のミラノ住民は降伏。勝利を導く大きな戦力となったのが、民兵隊（ミリシャ）だった。

ミリシャ

平時	戦時
商売や家内工業などをして、一般庶民として生活。	武器を取り、騎士の指揮のもとで戦いに参加する。

これを機に部隊は大規模化し、築城デザインの革新も進んだ

関連項目
●降伏→No.100

No.048
反乱と、その鎮圧

中世の厳格な封建制度に疑問を抱く者はいなかった。だが、黒死病で労働力が不足すると、人々の意識に変化が起こった。

●黒死病が呼び覚ました労働者の権利意識

　中世の封建制度は徹底しており、貴族と庶民の身分の格差は厳しかった。しかし、人々の意識が変化したのは**黒死病**が流行したときだった。病で人々が次々に死んでいくと、労働力不足が起こった。すると、労働者たちは自分たちの立場が強くなっていることにふと気づいたのだ。

　1349年6月、フランスの都市アミアンで黒死病が大流行した。このとき声を上げたのが、皮なめし業者たちだった。彼らは、「労働力の大損害を埋めるために」高い賃金を要求した。労働者の賃金が上がれば、物価も上がっていく。金持ち階級たちは、生活水準を維持するために、さらに多くの金が必要になった。するとなんと政府は、労働者がさらに高い賃金を得ることと、ぜいたくな生活を送ることを禁ずる法律を発したのだ。

　このような締めつけに労働者たちは怒り狂った。1358年、フランスで「ジャックリー（農民たちがまとった綿を詰めたジャケット）」と呼ばれる農民一揆が発生した。いくつかの城が焼き討ちに遭い、殺された貴族もいた。

　また、1381年にはヘントの織工たちがフランドル伯に対して反乱を起こした。イングランドでは2万人の農民からなる「怒り狂った群衆」が、ワット・タイラーという老兵を先頭にロンドンを練り歩き、「領主も我々同様、主君でなくするべきだ」との要求を叫んだ。フランスでは「マイオタン（警官用の小槌。彼らが約3000本を奪ったことにちなんで付けられた）」と呼ばれた反乱者が、パリとルーアンでユダヤ人と裕福な人々を殺害する事件が起こった。

　だが、すべての反乱はまもなく鎮圧された。馬に乗った騎士を相手に、最初から農民に勝ち目などなかったのだ。貴族による反乱の鎮圧は情け容赦のないもので、反乱者は見つかり次第、ただちに打ちのめされたという。

貴族との格差に庶民の怒りが爆発

● きっかけは黒死病の大流行

中世の封建制度のもと、身分の格差があるのは当たり前

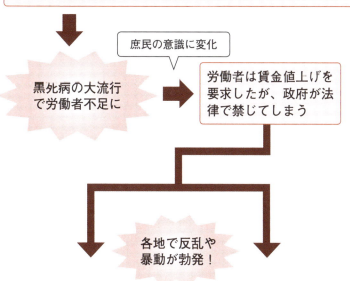

庶民の意識に変化

黒死病の大流行で労働者不足に

労働者は賃金値上げを要求したが、政府が法律で禁じてしまう

各地で反乱や暴動が勃発！

1358年 フランス
ジャックリーと呼ばれる農民一揆。城が焼き討ちされ、貴族が殺された

1381年 イングランド他
ヘントの織工たちの反乱。ロンドンでは2万人デモ、パリとルーアンでは金持ちを殺害

だが、馬上の騎士には敵わず、すぐに鎮圧された

関連項目

● 黒死病（腺ペスト）の蔓延 → No.039

No.049
町で商売できるのは、ギルドの者だけ

都市の商人や職人の間では、ギルドが結成されるのが一般的だった。ギルドの会員でなければ町で商売することができなかった。

●**同業者が助け合い、製品の市場価値を守る**

　ギルドとは、同業組合のことである。城塞都市の町では、ギルドの会員でなければ商売をすることが許されなかった。また、会員でも夜に商売したり、勝手に値を下げて売ることはできない決まりがあった。こうした制約を設けることで、ギルドは製品の数を抑え、価格を上げていった。一方でギルドは製品の出来にも目を配っており、高水準に保てない会員がいれば、罰金を科されるか、ギルドから追放された。

　女性がギルドの正会員になることはめったになかった。裕福な商人の家に生まれ、**教育**も受けた息子は、幼いうちから商売にかかわった。そのため子どもでもギルドに登録させることもあった。あまり裕福でない商人の息子の場合、職人の親方に金を支払って預け、見習いとして働きながら商売を教え込んでもらった。見習いは修行期間を終えると各地で経験を積み、一人前の職人になっていった。

　また、ギルドは現代と同じく福祉制度も実施していた。ロンドンの織物商ギルドは、週6ペニーを各会員から徴収した。当時の労働者が1日働いた賃金が4ペニーほどだった。集めた金は貧しい会員を助けるために使っていた。裕福なギルドになると、学校を開設したり、老人ホームを運営したりした。さらに、貧しい会員の葬式代を払ってあげたり、聖日には娯楽を手配するなど福利厚生に励んだ。

　ギルドの中には、多大な影響力を持つものもあった。都市の有力な商人たちが結成した商人ギルドには、国王から特許状を与えられて、都市の政権を握るまでにいたったものもある。このようにギルドは同業者が互いに助け合うと同時に、市場での製品の価値を保ち、地位を向上するためにも役立った。

商人や職人の生活を支える同業組合

ギルドの規則

- 城塞都市ではギルドの会員しか商売できない
- 夜に商売したり、勝手に値を下げてはいけない
- 製品の品質を一定の水準に保たなければならない

守れなければ、罰金、あるいはギルドから追放

● ギルドの福利厚生

①

ギルド会員たちから週6ペニーを徴収

ロンドンの織物商ギルド

集めたお金の中からいくらかで貧しい会員を助けた

② 会員から集めたお金を生活向上に利用

学校の開設	老人ホーム運営
貧しい会員の葬式代を支払う	聖日の娯楽を手配する

など

● ギルド会員になれるのは？

基本的に男性のみ
女性は次のような仕事についた

 肉屋、金物屋、靴屋、惣菜屋、製本屋、刺繍師、金細工師など

関連項目

● 学校など教育機関→No.042

No.050
城塞都市の税金と、難民の受け入れ

領主の土地である城塞都市では、住民は税金を納める必要があった。難民を受け入れるのも都市の発展段階では必要なことだった。

● 都市に人が集まるそれぞれの理由

　城塞都市が位置する土地は、もともと地元の領主の所有地である。そこで、都市の住民は領主に対して税金を支払い、地元の村人と同じようにその土地で働かねばならない。

　この大原則には、**中世の都市が発達した理由**が関係している。たとえば、大きな修道院や城の周辺に発達した都市があるとする。人々は、そこなら攻撃を受けずにすむのではないかと望みを抱いて集まってくる。あるいは、地元の農民が集まって農作物の販売をしていた大きな村々が、市場都市へと発展していく場合もある。港や川の合流点、往来の激しい交差道路など貿易の拠点となる所が、都市へと成長する場合もあった。このように発展した都市には、さまざまな人々が集まってきた。耕作労働の苦しさと、領主から受ける迫害に耐えかねた農民の多くが、避難場所を求めて都市へと逃げ込んできた。彼らは、もし1年間とらえられずにいれば、自由の身になることができた。

　さらに都市が発展していくために欠かせない要素があった。それは、国王あるいは地元の貴族による特許状の承諾である。この承諾を得ると、都市は自治都市になることができるのだ。領主に支配されていた都市は、市民たち（ブルジョワ）が主導権を握ることになる。彼らは「自由市民」と呼ばれた。自由市民たちは特許状をもとに、市場を開いたり、市長や市議会員を選んだりすることができた。また、独自の法律を作ったり、自分たちで裁判を行うことも可能になった。

　城塞都市は頑丈な城壁に囲まれており、外からの侵略を防いでくれる。人々は安全を求めて、あるいは商売のため、さまざまな地域から集まってきた。そうして都市はじょじょに発展を遂げていったのだ。

人が集まり、城塞都市が発展していく

大きな修道院や城の周囲に都市が発達

農作物を販売する大きな村々が寄り集まり市場都市へ発展

金と安全を求めて人が集まってくる

港や川の合流点、往来の激しい交差道路など貿易の拠点

領主の迫害から逃れてきた農民が自由を求めて流入

※1年間とらえられなければ自由の身に

さまざまな理由から都市が発展し、大きくなっていく

城塞都市における税金

●大原則……城塞都市は領主の所有地

・住民に課じられる義務
・納税の義務
・労働の義務

自治都市となり、自由市民(ブルジョワ)が主導権を握る

国王などから特許状がもらえれば、自由市民になれる

関連項目
●どうして城塞都市が造られたのか？→No.003

No.051
領主の暮らしぶり

城塞都市を含む土地の所有者である領主はぜいたくな暮らしをした。
衣食住にいたるすべてが自分の富を誇示するために使われた。

●プライバシーの確保、豪勢な衣食住

　領主は城の主である。身分には小諸侯から王までいろいろあった。有力な領主の大きな城は、居心地のよい住まいとしてはもちろん、行政庁舎の役割も果たしていた。また、領主であるということは、自分の部屋を持ってプライバシーを確保できるということだ。王や大領主はいくつもの城と館を持っており、部下を城代に任じて留守を預けた。

　食卓も庶民とはまるで違っていた。金持ちは食事に多くの財産を費やした。料理人は尊重され、給料も気前よく払われた。また食材にもこだわり、仕入れには時間と手間を掛けた。たった2匹のサケを手に入れるために、ウェストミンスターから113キロ離れたロンドンまで馬を走らせたという話もあるほどだ。

　料理は肉を使ったものがメインになる。カササギ、リス、アンテロープ、ウ、ネズミイルカ、クジラ、アザラシ、白鳥の脳など、あらゆる肉料理が出された。これらの肉は塩に漬けて保存されたが、腐りかけていることが多く、臭みをごまかすためにハーブやスパイスを利かせて強い風味のソースで味付けをした。一方、野菜はタマネギ以外は使われなかった。野菜は貧乏人の食べ物と見なされていたのだ。

　こうしたぜいたくにふける一方、領主は日頃の鍛錬も怠らなかった。領主は同時に騎士でもあり、必要とあれば国王のために戦うことが求められたからだ。多くの者が馬上試合に参加して武術を磨いた。

　大きな城の領主は、豪華な衣装で権威を誇示するのに熱心だった。特に宴会や王を迎える公式の席では気を配った。豪華なベルト飾りは、銀地に金メッキを施し、繊細な彫金で細工がされたものを身に着けた。領主同士、あるいは一族や家臣にもおのれの富を誇示する習慣があった。

権力を誇示するために豪奢さを競う

●快適な住まい

自分の部屋を持ち、プライバシーを確保。いくつもの城と館を構え、留守は城代に任せた

●豪勢な食事

肉料理がメイン。カササギ、リス、アンテロープ、ウ、ネズミイルカ、クジラ、アザラシ、白鳥の脳など

●権威を誇示するための衣服

- リンネルのシャツの襟
- 記章のペンダント
- ウェストポーチ
- 先の尖った靴
- 記章のついた首飾り
- バグパイプ・スリーブ
- ビロードのガウン

15世紀のウプランドと呼ばれる正装用ガウン。宴会や王を迎えるときは特に気を使った

関連項目

●城塞都市の住民はふだん何を食べていた→No.036

アムステルダムの水の壁

　大航海時代に海洋の主役となったオランダ。その首都であるアムステルダムには、国土面積のおよそ4分の1が海面下にあるオランダらしい防衛施設が1883年から1920年にかけて建造された。

　その防衛施設こそ、世界遺産に登録されているアムステルダムの防衛線(防塞線とも呼ばれる)。この防衛線が造られた理由は、当然、敵の侵略から都市を守るためだ。ヨーロッパの多くの都市が石やレンガを用いた城壁で防御を固めていたのに対し、アムステルダムが用いたのは堤防であった。といっても、堤防そのものを防御力の要としたのではない。なんと道路を冠水させるという方法で、防衛力を高めていたのである。

　アムステルダム周辺の道路を自在に冠水させる機能を備えた堤防は、町を囲むようにして全長135kmにわたって建てられた。有事の際にはわずか48時間で道路や干拓地を0.5〜1.5mの水位まで満たすことができ、敵の侵入をはばむことが可能となるのである。

　たいした水位ではないと考えるかもしれないが、それこそがこの防衛線の狙いだ。0.5〜1.5mという水位は、歩兵や砲兵隊が歩くには深すぎて、かつ、船で行くには浅すぎる水位である。そのため一度道路が水没してしまうと、侵略側は攻撃手段を限定されてしまう。

　この"水の壁"に加えて、アムステルダムから15km圏内に45もの砦が建てられ、それぞれに大砲が備えられていた。無論、どの砦も水没の影響を受けない場所にあるため、防衛側の兵士は迅速な移動が可能だった。水によって機動力を失った侵略側は、多くが大砲のえじきになってしまうという寸法だ。また、各砦は食糧庫、武器庫、そして通信室としての機能も有しており、万全の防御態勢が敷かれていたのである。

　アムステルダムの防衛線が完成したのは1920年だが、実戦投入が可能となったのは1914年のことだった。1914年といえば、いわずと知れた第一次世界大戦開戦の年である。防衛線はアムステルダムの街を救う英雄のような存在として活躍したと思いきや、実は一度も軍事利用されることはなかった。

　なぜか。世界の軍事の主力が陸戦兵器から航空兵器に変わっていたからである。道路を冠水させたところで、はばめるのは地上部隊の行軍だけだ。アムステルダムの上空に飛来する空軍部隊には、なんの防衛力も持たなかったのである。

　仮に完成した時代が中世であったならば、防衛線はおおいに活躍したことだろう。弓を持った歩兵や騎士を乗せた馬は水に足を取られて身動きが取れず、大砲で壊滅的なダメージを受ける。そんな光景が繰り広げられていたはずだ。

　その後、防衛線は第二次大戦後まで実戦配備のための手入れこそ続けられたが結局出番は訪れず、時代遅れの烙印を押されたまま1960年に事実上解体された。

第3章
城塞都市の攻防

No.052
エスカラード(城壁をよじ登る)

築城と攻囲戦の技術はともに発展していった。まずは攻める側、攻囲技術の基本的な手法であるエスカラードから見ていこう。

●城塞を強襲する最も単純な方法

　城塞は攻囲戦から都市を守るために発展していった。攻める側もまた、さまざまな工夫を凝らしたのはいうまでもない。攻囲戦の技術は築城と同じくらい古くから存在している。防御壁を建設すると同時に、それを破壊しようとする者も現れたのだ。

　通常、攻囲軍は城の城壁に取り付く前に**堀**を越えなければならない。小規模な堀であるなら思いきってジャンプするか、あるいは丸太や厚板を架け渡すことで乗り越えられる。しかし、堀が深すぎたり幅がありすぎる、もしくは堀が攻城機械の前進を阻むときは、堀を埋めなければならなかった。その場合、水堀ならまずは堀の排水を行う。土砂、岩石、木材、巨大な木の枝の束などで堀を埋め立てるのだ。

　こうして堀を乗り越えたら、城塞を強襲する最も単純な方法は、「エスカラード(城壁登攀)」と呼ばれるものだった。梯子を使って城壁や城塔をよじ登るのだ。当然、梯子は**胸壁**に届くだけの長さが必要となる。しかし、このとき攻城側は極めて弱い立場に立たされる。梯子をよじ登る攻城兵は恰好の標的になりやすいからだ。身を守るのは自身の甲冑のみ。他に頼れるものは味方の弓兵による援護射撃だけだった。

　また、攻撃目標の城壁が**櫓**を備えている場合は、よじ登る前に破壊しなければならなかった。そうしなければ、攻城側は櫓の屋根に立つことになって、付近の城塔にいる弓兵の良い的になってしまうからだ。

　エスカラードは**衝角**突撃に比べてより迅速な攻撃手段であった。そのため基本的な攻囲技術として広く用いられたが、単独で決定力をもつほどの威力はなく、一般的にはその他の作戦と同時に用いられることが多かった。

城壁に梯子を掛けてよじ登る

梯子
胸壁に届くだけの高さが必要になる

エスカラード担当
梯子を使って城内に侵入する。敵の矢にさらされる危険な役回り

手っ取り早いが
きわめて危険な作戦

弓兵
城内めがけて矢を射かけることで、エスカラード担当をサポート

梯子を登る兵は城壁上部からの恰好の的になりやすい
そのため弓兵などがエスカラードを援護射撃した

第3章●城塞都市の攻防

関連項目
- 攻城兵器その2　破城槌(衝角)→No.054
- 胸壁・マチコレーション→No.072
- 溝と堀の重要性→No.070
- 櫓から岩石や熱湯などで攻撃→No.074

No.053

攻城兵器その1 ベルフリー(可動式攻城塔)

エスカラードが困難な城塞に対して用いられたのがベルフリーだった。可動式の木造塔は突撃に効果的な反面、移動が困難だった。

●**城壁に寄せて多層階に配置された兵が突撃**

　強固に守られた城壁に対して、**エスカラード**を仕掛けるのは自殺行為になりかねない。このようなときに解決策となるのがベルフリー（攻城塔）だった。ベルフリーは車輪を備えた木造塔で、アッシリアの資料にも描かれている古代以来の攻城兵器だ。

　ベルフリーは多層構成となっており、各階に攻城兵たちが登れるようになっている。この際、何階建てになるかはベルフリーの高さによって決まり、ベルフリーの高さは城壁の高さに合わせた。

　ベルフリーの屋上あるいは屋上付近には木造の跳ね橋が備えられた。**胸壁**(きょうへき)まで十分に近づくと、すぐさま架け渡すためである。すると、ベルフリーに配置されていた兵たちが敵の胸壁上に突撃していくといった寸法だ。もっと複雑なベルフリーには弓兵たちの階が付け加えられ、敵の上方から射撃することができるようになっていた。また、中には下層部に**衝角**(しょうかく)を備え、城壁に打ちつけることができるようなものもあった。

　ベルフリーを輸送する作業はかなり大変だった。イングランドのリチャード1世（リチャード獅子心王）は、キプロスで建設したベルフリーの部品を本土に輸送し、アッカー攻囲戦の前に組み立てるなどした。

　だが、さらに困難なのは、攻撃の前にこれらの大規模な構築物に**堀**を越えさせ、城壁に寄せることだった。そのためには、まず堀を横断する堅固な土手を築き、城塔がその高さと重量でひっくり返らないようにする必要があった。やっと堀を越えても、平らとは言えない地勢の中で、塔が傾かない場所へ慎重に移動させなければならない。さらに城塞からの遠距離兵器が雨あられと降り注ぐ中での作業とあっては、決して生やさしいことではなかった。

数階分の高さに大勢の兵を乗せ一気に攻め寄せる

●ベルフリーの断面図

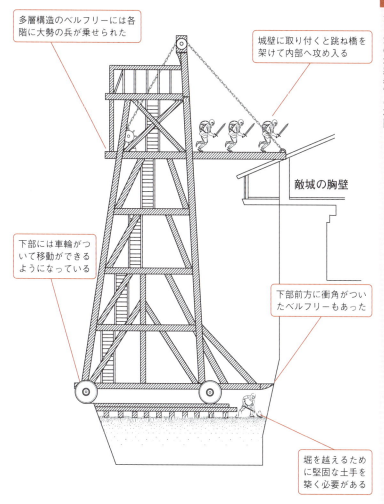

- 多層構造のベルフリーには各階に大勢の兵が乗せられた
- 城壁に取り付くと跳ね橋を架けて内部へ攻め入る
- 敵城の胸壁
- 下部には車輪がついて移動ができるようになっている
- 下部前方に衝角がついたベルフリーもあった
- 堀を越えるために堅固な土手を築く必要がある

関連項目
- ●エスカラード（城壁をよじ登る）→No.052
- ●溝と堀の重要性→No.070
- ●攻城兵器その2　破城槌（衝角）→No.054
- ●胸壁・マチコレーション→No.072

No.054

攻城兵器その2 破城槌（衝角）

破城槌（衝角）は攻城兵器の中で最も古い形式のもの。丸太を振り子のように打ちつける攻撃は木製の城門には非常に効果的だった。

●丸太を叩きつけて城門を破壊する

　破城槌（衝角）は最も古い形式の攻城兵器である。木製の門や扉を打ち破るために使用され、小部隊の兵員によって運搬された重厚な丸太は、小規模な築城の門に対してなら十分な威力があった。

　しかし、もっと大規模な城門や城壁本体に向かう場合、衝角は専用の架台に搭載された。さらに洗練されたものになると、車輪の上に載せられた架台から木の幹や大きな丸太が吊り下げられた。枠組みから吊り下げられた支柱によって、破城槌は以前に増して勢いをつけて大きな力で打ちつけることができた。

　しかも労力を節約して障害物に繰り返し振り動かせるという利点もあった。また、丸太の先端には、城門や城壁に打ちつけたときの衝撃から本体を保護するために鉄製の覆いが被せられていた。

　破城槌を搭載した架台は湿った被覆材の屋根で覆われ、胸壁から降り注ぐ可燃性のものから守るものもあった。このような動くシェルターは衝角の有無にかかわらず、「猫」と呼ばれた。衝角を搭載していないものについては、城壁下部での作業や堀の埋め立てのような突撃以外の作戦に携わる工兵たちを保護する役目を果たすなどした。

　他にも、丸太の代わりに先の尖った鉄棒を備えた小さな「猫」もあった。これは、城壁下部付近の石材ブロックの目地に鉄棒の先端を割り込ませる用途で使われた。同様の装置は、「猫」の他にもさまざまな呼び名があった。たとえば、ネズミ、イタチ、雌ブタなどといったものであり、雌ブタは一般的な呼び方であった。

　衝角を搭載した「猫」は、13世紀末まで攻城兵器の主力であったと考えられている。比較的移動がしやすく、破壊力も十分であったため、パフォーマンスに優れた兵器であったのだろう。

振り子を利用して威力を増し労力を節約

●破城槌

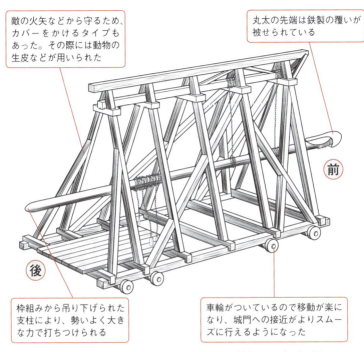

敵の火矢などから守るため、カバーをかけるタイプもあった。その際には動物の生皮などが用いられた

丸太の先端は鉄製の覆いが被せられている

前

後

枠組みから吊り下げられた支柱により、勢いよく大きな力で打ちつけられる

車輪がついているので移動が楽になり、城門への接近がよりスムーズに行えるようになった

専用の架台に載せられて移動ができる。枠組みの表面は湿った被覆材で覆われ、可燃性の発射体から守るものもあった。

丸太に代わって鉄の棒を使った「猫」

城壁下部の石材ブロックの目地に鉄棒の先端でダメージを与える

関連項目

●兵器を火から守る→No.078

No.055

攻城兵器その3 大砲・火砲

大砲・火砲は攻囲戦のあり方を一変させた。中世の最後に現れた攻城兵器のすさまじい音と破壊力は防御側の士気をくじいた。

●大砲の脅威が城塞の設計を変えた

　大砲は中世の兵器体系の最後に加わった攻城兵器である。14世紀初期にはすでに大砲が使用されていたが、小型口径の対人用武器でしかなく、城に対して大きなダメージを与えるほどの威力はなかった。だが、15世紀を通じて比較的弱体な城に対しては、じょじょに効果を発揮するようになっていった。口径が増して破壊力が増大するにつれて、大規模な銃砲が攻囲戦の結果に決定的な影響を与えることが目立つようになっていった。

　このような大砲の進化は、同時に築城の変化をも促した。中世後期には砲術の発達に伴って、城の設計に変化が表れだしたのだ。15世紀には大砲の脅威に対抗するために、古い防壁の周囲に外塁、または堡塁が急ごしらえで建築されていった。この時代の新しい要塞の建築家たちは、防護用、敵への反撃用として、設計段階で大砲を考慮するようになっていた。フランス南西部にあるボナギル城は火薬の時代に適応するため、16世紀初頭に大規模な増改築を行った。先細りの多角形に再建されたドンジョンは内閣の東側を形成し、隅塔が東と西に追加された。そして中心部の周囲には陵堡、射撃孔、砲台を備えた第2の低い壁が建築された。

　しかし、実際に大砲が本来の力を発揮するようになったのは16世紀以降のことだった。大砲は広範囲を高い破壊能力で攻撃できるが、他の攻囲兵器に勝るのはその点ばかりではない。自らは安全な距離から城塞に実害を負わせられることで、相手を精神的にも弱らせることができた。**カタパルト**やトレビュシェには大砲よりも射程距離が長いものもある。だが、火砲の放つすさまじい轟音と煙は、兵の心に恐怖を刻み、防御側の士気をくじくのにより効果があった。

大砲の音と煙が防御側の士気をくじく

●イタリアでみられる初期の大砲

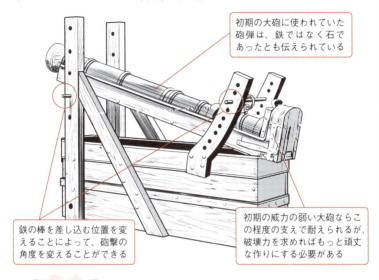

初期の大砲に使われていた砲弾は、鉄ではなく石であったとも伝えられている

鉄の棒を差し込む位置を変えることによって、砲撃の角度を変えることができる

初期の威力の弱い大砲ならこの程度の支えで耐えられるが、破壊力を求めればもっと頑丈な作りにする必要がある

大砲で攻撃 ➡ 遠距離から安全にダメージを与えられる！煙と轟音で敵兵士たちの戦意を喪失させる！

●砲撃要塞の平面図

★の場所が大砲を設置するスペース

大砲の出現が築城をも変えた。これらの城は小型で低く、円を基本とした大型の砲床用稜堡が設置された

●砲床とは？

大砲、または砲座（大砲を据える台座）を備えるためのスペースのこと

関連項目

●攻城兵器その4　投石機・カタパルト→No.056

No.056

攻城兵器その4 投石機・カタパルト

離れた距離から敵に直接ダメージを与えられる砲撃武器。古くから用いられた攻城兵器にはさまざまな仕組みのものが造られた。

●重量のある石を放ち城壁や建築物を破壊

　城壁を弱体させるために使われたのが、さまざまな砲撃武器である。「マンゴノー」と呼ばれる投石機（カタパルト）は、古代から使われていたねじり力を利用した兵器だった。一般的には竿の端に発射体を置く容器を付け、車輪を備えた架台と一体化していた。

　発車するときは竿をウインチで水平位置まで巻き下げ、放たれると鉛直位置まで跳ね上がってクロスバーに達して停止するようになっていた。その勢いで容器に入った石などの発射体を前方へと飛ばす仕組みだ。

　12世紀にはこのような投石機が何台も用いられ、城壁本体に対して効果的な集中攻撃が行われた。しかし、これらのカタパルトは弾速が遅く、あまりに大きくて重い発射体は射出することができなかったため、結果にはばらつきがあった。最大射程は約500mで、敵弓兵の射程外から射撃することはできた。

　一方、トレビュシェは13世紀に大流行した射撃兵器である。長大な竿の一端に発射体を付ける吊りひもを備え、もう一方の端には錘が付けられていた。大きさにはさまざまあるが、竿の長さと錘の重量によって、40kgから150kgまでの発射体が射出できた。トレビュシェの放つ重量のある発射体は高い弾道を描いて落下し、石造あるいは木造構築物を破壊した。やはり弾速は遅かったが重力を利用した破壊力で、効果的なダメージを与えたのである。射程距離もカタパルトよりわずかだが長い。

　その他にも、「ペリエ」と呼ばれる単純な兵器もあった。東方のアラビア人が用いていたもので、吊りひもがついた竿がある点でトレビュシェに似ていた。だが、錘によって起動するのではなく、人力か動物の力で発射するものだった。

離れた場所から城壁や城塞内部を攻撃

●さまざまな形の投石機（カタパルト）

マンゴノー

ねじり力を利用し、発射体を前方へと跳ね飛ばす。最大射程は約500mで、あまり重い発射体は射出できない

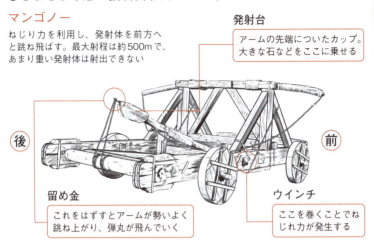

発射台
アームの先端についたカップ。大きな石などをここに乗せる

留め金
これをはずすとアームが勢いよく跳ね上がり、弾丸が飛んでいく

ウインチ
ここを巻くことでねじれ力が発生する

トレビュシェ

長大な竿に発射体を付けた吊りひもを備え、反対側の錘の重量を利用して発射する。40kgから150kgまでの発射体が射出でき、高い弾道で落下するため破壊力も抜群

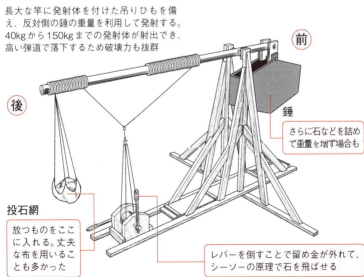

錘
さらに石などを詰めて重量を増す場合も

投石網
放つものをここに入れる。丈夫な布を用いることも多かった

レバーを倒すことで留め金が外れて、シーソーの原理で石を飛ばせる

No.057
対壕掘り

攻囲戦では矢や投石機などの攻撃から身を避けつつ、城壁に取り付き攻め入る必要がある。その接近戦術のひとつが対壕掘りである。

●防御側の攻撃から身を守りつつ攻める

　攻囲戦が始まると、敵味方の射撃兵器から放たれた発射体が雨あられと降り注ぐ状況になる。攻囲側はその中をかいくぐって、城壁に取り付かなければならない。そのために「猫」や大規模な盾に護られながら接近するのもひとつだが、他にも防御側の攻撃から身を守るため、遮蔽物のある塹壕というシェルターを掘ることもあった。

　攻囲側が塹壕を掘る目的はふたつある。ひとつは、坑道兵が攻撃から身をかわしながら坑道を掘り進むため。もうひとつは、防御側の塹壕に対抗するために掘る場合だ。これを対壕掘り(対壕戦術)という。

　対壕掘りは危険を伴うものだった。塹壕を掘り進めている場合は、防御側の対抗塹壕による妨害に遭った。火を放って燻し出されたり、小規模な部隊に追撃され、坑道を破壊されることもあった。作業中に陥没するという危険もあり、困難であるにもかかわらず、対壕掘りの兵はあまり尊敬されていなかった。

　対壕戦術でめざましい勝利を収めたのが、サラディン率いるヤコブの浅瀬での戦いだった。1179年、サラディンはヤコブの浅瀬に到着すると部隊に砦へ向けて矢を放つよう命じた。こうして弓兵が砦内の兵士をかく乱している間に、石と鉄で築かれた城壁を破るために坑道を掘り進めたのだ。これは攻城戦における対壕戦術のひとつで、**城壁の真下まで掘られた坑道の支柱を燃やし、城壁の自重により地下から崩壊させる作戦**だった。当初は失敗したものの、やがて城壁を崩壊させることに成功。包囲が始まって6日でサラディン軍はシャステレを占拠した。

　塹壕は火器の普及に伴い、攻城側が防御側からの射撃を避けるために利用され、近代まで使われ続けた。

重労働で危険も伴う対壕掘り

●攻囲戦での対壕戦術の基本

① 城壁に対して平行な塹壕を掘る

> **メリット**
> 左右に移動ができるので、部隊展開の幅が広がる

② 城内に対してジグザグに掘り進める

> **メリット**
> ジグザグにすることで、まっすぐに飛んでくる矢や大砲に当たりにくい

③ さらに内側に第2、第3の塹壕を掘る

> **メリット**
> 遠距離攻撃から身を守りつつ、敵城に肉薄することができる

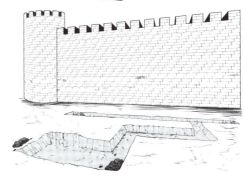

関連項目

- ●攻城兵器その2 破城槌(衝角)→No.054
- ●地中を掘り進んで城壁を攻撃する坑道戦→No.058

No.058
地中を掘り進んで城壁を攻撃する坑道戦

地中に穴を掘って潜り、敵の射撃を避けるように城壁へと近づいてダメージを与える坑道戦は、古来より城塞都市攻略の常とう手段だった。

●坑道を進み、直接城内に侵入することも

攻城戦において攻撃側は、**火砲**や射石砲といった射撃兵器のみならず、あらゆる手段によって城壁にダメージを与えようとした。

その代表的なもののひとつが坑道戦だ。地面に穴を掘ってその中を進み、防衛側の射撃兵器から身を守りつつ攻撃目標である城壁、あるいは城塞都市の内部に到達するための作戦である。

坑道戦と一言に言っても、その手法はさまざまだ。古代に用いられていたのは、比較的浅い塹壕を掘り、できあがったルートを盾や木板などの遮蔽物で守りつつ城壁に肉迫。ピックなど先端の尖った道具で城壁の基部に切れ目を入れ、これを繰り返すことで城壁を貫通させるというものであった。

城壁の基礎直下を攻撃し、甚大なダメージを与えようと試みる場合には、更に深い穴を掘る必要があった。多量の人員を割いてまずは深く縦穴を掘り、続いて横穴を掘り進めていく。城壁の真下まで来たら基礎部分を木製の支柱で支え、可燃物を加えて着火。すると支柱は燃え上がり、その真上にある城壁を破壊するという寸法だ。

また、横穴を掘り進めても城壁の基礎部分で止まらず、そのまま城塞都市の内部までアプローチし、白兵戦や内部からの開門といった行動を取ることも少なくなかった。

無論、防衛側も坑道戦への対策は講じていた。城塞内部から同じように穴を掘り進めて迎撃したり、敵を煙で燻し出したり、坑道を埋めるなどして対抗したのである。それには攻囲側がどこに坑道を掘っているかをいち早く察知する必要があった。多くの場合、水を満たした水桶を城壁に置き、水面の乱れで観測をした。ときには太鼓の皮や、庶民の食卓に並ぶえんどう豆の山の揺れ具合までもが、その一助になったと伝えられている。

坑道戦の攻防

●城壁の基礎を燃やす

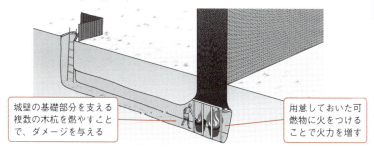

城壁の基礎部分を支える複数の木杭を燃やすことで、ダメージを与える

用意しておいた可燃物に火をつけることで火力を増す

●直接、城内に侵入する

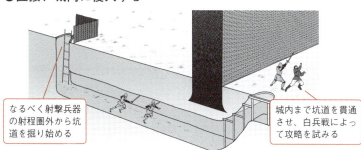

なるべく射撃兵器の射程圏外から坑道を掘り始める

城内まで坑道を貫通させ、白兵戦によって攻略を試みる

●守備側が坑道内で迎撃

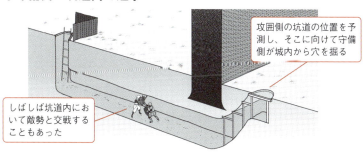

攻囲側の坑道の位置を予測し、そこに向けて守備側が城内から穴を掘る

しばしば坑道内において敵勢と交戦することもあった

関連項目

●攻城兵器その3　大砲・火砲→No.055　　●対壕掘り→No.057

No.059
兵糧攻め

城を攻め落とすのに昔ながらの兵糧攻めという方法もある。攻囲対象が城塞都市なら、町ごと壁で取り囲んでしまうのだ。

●町全体を壁で囲んで閉じ込める

　攻囲戦には、武器によらない攻撃方法もある。いわゆる兵糧攻めである。この戦術は、周囲に攻囲壁を築いて標的の都市を外界から完全に遮断し、飢えのために**降伏**せざるを得なくするというものだ。

　西暦414年、アテネ人はシラクサの周りに堅固な壁を巡らせた。すると、シラクサ人も負けじとアテネ陣営を対抗壁で取り囲もうとしたが、すぐに破壊され、さらにアテネ人はシチリア防塞の周りに二重の包囲壁を築いてシラクサを完全に閉じ込めたのである。

　ローマ軍がヌマンチアを攻め落としたときには、さらに大規模な包囲戦術が見られた。イベリアの町ヌマンチアは切り立った台地にある山砦であり、下方はドゥエロ河の急流に守られていた。その入り組んだ地形を生かし、度重なるローマ軍の攻撃にも19年に渡って抵抗し続けた難攻不落の山砦である。

　多くの侵略者が手を焼く中、ヌマンチア陥落に乗り出したのが、カルタゴの征服者であるスキピオ・アフリカーヌスだ。スキピオは前任者たちのように肉弾戦には手を出さず、実行不可能と思われていた包囲壁戦術を適用した。包囲壁の長さは9kmにもおよび、壁の高さは3m超、幅は底部で4m、上部で2.5mという前代未聞の規模のものだった。しかも、貫流しているドゥエロ河の流れは激しく、ヌマンチア軍の間断ない攻撃もあった。だが、スキピオの指揮の下、やがて包囲壁は完成した。ヌマンチアの町は完全に外との連絡を絶たれてしまったのだ。

　ヌマンチア人は**飢餓状態**にあっても、なんとか耐えようとした。皮革や、しまいには死体まで食べたという。しかし、ついには降伏。こうしてローマ軍は攻城兵器を使わずして、難攻不落のヌマンチアを攻め落としたのだ。

ヌマンチアを兵糧攻めで攻略

ヌマンチアは難攻不落の城塞都市

切り立った台地　肉弾戦では陥落が困難　ドゥエロ河の急流

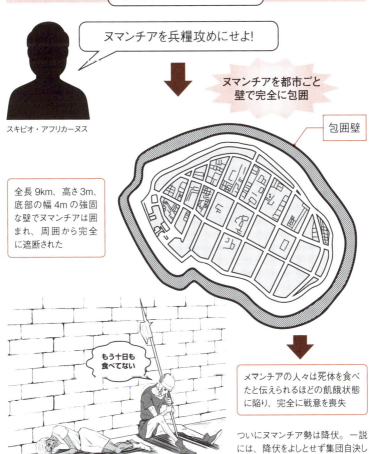

「ヌマンチアを兵糧攻めにせよ！」

スキピオ・アフリカーヌス

ヌマンチアを都市ごと壁で完全に包囲

包囲壁

全長9km、高さ3m、底部の幅4mの強固な壁でヌマンチアは囲まれ、周囲から完全に遮断された

「もう十日も食べてない」

メマンチアの人々は死体を食べたと伝えられるほどの飢餓状態に陥り、完全に戦意を喪失

ついにヌマンチア勢は降伏。一説には、降伏をよしとせず集団自決したとも伝えられている

第3章●城塞都市の攻防

関連項目

●冬や籠城に備える非常食→No.037　　●降伏→No.100

No.060
火を使った攻防

中世の攻囲戦において火は武器として大いに活用された。中には現代のナパーム弾に匹敵する強力な火器も存在した。

●敵味方双方から火が飛び交う戦場

　攻囲戦において火を使った兵器は、攻囲側防御側の双方ともにひんぱんに用いられた。攻囲側はまず城壁の基部で火をたいた。こうして城壁をもろくしておいてから**破城槌**、あるいは**カタパルト**などの武器で壁を切り崩していくのである。また、タール桶とよばれるものも同様の使われ方をした。タール桶とは文字通り桶にタールを詰めたものだが、これに点火し、投射兵器で城壁や城塞内部に放って火攻めにするのである。タールは燃え続けるので、長時間に渡ってダメージを与えることができた。

　一方、防御側にも火を使った対抗手段があった。「ギリシャ火」は、暗黒時代にビザンツ帝国のあるギリシャ人が発明した焼夷性兵器である。正確な化学成分の情報は残っていないが、記録によれば、その効果は現在のナパーム弾と同様のものだったようだ。ギリシャ火は水上でも燃え、直撃しなくても船舶に火を放つことができたという。そのため海戦でよく用いられたが、攻囲戦では火矢よりも効果的な撃退手段だった。ギリシャ火は投射装置で放たれ、身を守るものが遮蔽物や木製装置しかない攻囲軍にとって恐ろしい殺人兵器となった。

　さらに防御側は、熱した液体を**胸壁**の外側に、もしくは**櫓**やマシクーリ付き胸壁の開口部から注いで攻囲軍の足止めを図った。

　このように戦場では常に火器が飛び交っているため、施設や武器、兵員などを被覆材で火から守ることも重要だった。城塞の櫓や攻城塔、「猫」のような可燃性構築物が被覆材で保護された。さらに老人や動物の尿が消火や延焼を遅らせるのに極めて効果的だったため、攻囲戦が始まる前にこれらの尿を大量に集め、城塞の城壁内側に貯蔵することも行われた。そして戦闘が始まると、保護被覆材の上に尿が注がれた。

恐怖の兵器ギリシャ火

ギリシャ火による攻撃
ギリシャ火を城壁に向けて破壊をもくろむこともあれば、直接敵兵を狙うこともあった

 謎に包まれた兵器・ギリシャ火
ギリシャ火を扱った文献や絵画は残っているが、その詳細や製法、仕組みについては、まだわかっていない

●その他の火を使った攻城兵器

タール桶	城壁の基部を焼く
タールを注いだ桶に火をつけ、それを投石器などで発射する	城壁の基部に火を放つことで、強度を下げる

もちろん防御側も対策はしていた

兵士や武器は被覆材で覆い、城壁は尿で湿らせていた

関連項目

●攻城兵器その2　破城槌(衝角)→No.054
●胸壁・マチコレーション→No.072
●攻城兵器その4　投石機・カタパルト→No.056
●櫓から岩石や熱湯などで攻撃→No.074

No.061
人の生首・動物の死骸を投げつける

激しい攻囲戦のさなかには、ときとして敵の生首を投げ飛ばすといった、かなり残酷な攻撃が行われることもあった。

●敵に自軍の意気軒昂のしるしをみせる

　城塞を攻囲しようとする側は、まず城を包囲して相手を**兵糧攻め**しようとした。しかし、それがうまくいかないと、攻囲軍は実力行使に出た。城壁の下に坑道を掘って崩したり、坑道から場内へ侵入して戦ったりした。かたや守る側は、庭の各所に水盤を置き、水の揺れで敵が坑道を掘っている場所を突きとめて対抗した。ときには**対抗道**を掘って、地下での激しい戦いになることもあった。

　一方、地上ではカタパルトやトレビュシェといった**投石機**で城壁や敵の兵器を破壊しようとした。このとき、戦闘意欲を誇示するために、切り取った敵の首を投げつけることもあった。また、戦闘中に和平交渉するため城主が使者を送ることがあったが、交渉が決裂すると、使者は縛り上げられて投石機で城内に投げ返されることもあった。

　これらの行為は現代の感覚だと残酷に思えるが、中世以前では普通のことであった。その証拠に、投石機で投げ込まれたのは生首だけではない。糞や動物の死骸が投じられることもあったのだ。これは、城塞に**疫病**を蔓延させ、敵の戦闘能力を弱体化させる目的で行われた。

　その間にも、城壁では**破城槌**(はじょうつい)での破壊が試みられ、対抗する守備側は鈎竿(かぎざお)を伸ばして破城槌を引っ掛けてとらえようとした。さらに攻囲側は梯子を使って城壁によじ登り、守備側は登ってくる梯子をさすまたで突き落とそうとするなど、すさまじい攻防が展開した。やがて包囲されている守備側はもちろん、補給線が厳しければ攻囲側も食料が乏しくなっていく。そのような限界状況で、生首を投げ飛ばすといった示威行為は、思っている以上に敵へのダメージを与えたはずだ。これに疫病などが加われば、やがて士気を失うのも無理はない。

敵の生首を投石機で投げ飛ばす

●戦闘意欲を誇示する行為

意気軒昂のしるしを示すために、切り取った敵の生首を投石器で投げ飛ばした。また、城主が送ってきた使者を縛り上げて、そのまま投げ返すこともあったという

動物の死骸や糞を投げ入れて、疫病を蔓延させようとすることも

第3章●城塞都市の攻防

関連項目

- ●黒死病(腺ペスト)の蔓延→No.039
- ●攻城兵器その4 投石機・カタパルト→No.056
- ●兵糧攻め→No.059
- ●攻城兵器その2 破城槌(衝角)→No.054
- ●地中を掘り進んで城壁を攻撃する坑道戦→No.058

No.062
高くそびえる城壁の終焉

それまでより高く、分厚く発展していった城壁が、大砲の発展とともに消えていった。重投射兵器が城塞の設計を変えていったのだ。

●大砲の出現によって無力化された城塞都市

　中世のほとんどの間、高い城壁は少数の兵で守ることができ、**カタパルト**など古代以来の兵器の攻撃にも十分に耐えられた。やがて重投射兵器のトレビュシェが現れると、高いカーテン・ウォールや城塔の胸壁(きょうへき)がたやすく粉砕されるようになった。さらに坑道戦に対応するため、13世紀ごろには城壁は重厚で分厚くなっていった。

　しかし、重厚で高い城壁はデメリットも生じた。城壁が高すぎると、倒壊したときに瓦礫(がれき)の山ができてしまうからだ。攻囲側は瓦礫の山をたやすく登ることができ、それによって瓦礫の上に陣地を置くことが可能であった。敵を見下ろす形となり、優位に立てたのである。この事態に対する防御側の解決策は、内城壁によって防衛線を構築し、カーテン・ウォールの高さを低くすることだった。こうしてできたのが**多重環状城壁**である。

　だが、中世の高い城壁が消えていったのは、ただ投射兵器に対して脆弱だったからではない。16世紀に登場した大砲などの大規模投射兵器を、うまく配備できなかったからだ。城壁が高くなればなるほど、基部をいくら厚くしても、胸壁のある層に**大砲を設置する場所**はなくなる。反対に城壁が低いほど銃砲を置く空間が広くなるのだ。さらに高所からでは火砲の射程距離が短くなってしまうが、低い層からだと地をかすめるような弾道で広い範囲を狙うことができる。

　こうした変化はじょじょに表れたのだが、とりわけ時代の変わり目を象徴するのが、1492年にビュザンティオン(コンスタンティヌポリスの古名)がトルコ軍の攻撃で陥落した戦である。コンスタンティヌポリスの中世城壁が、トルコ軍の新しい攻囲戦術と巨大な大砲の前に屈したとき、もはや高い城壁の中世築城では役に立たなくなったことが示された。

城壁の高さと攻城兵器の変遷

●中世後期まで城壁はより高く分厚く

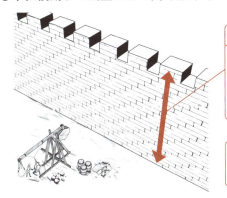

城壁　高

城壁を高くすれば、そのぶんだけレンガや石材を使う。それが崩れると足場になって、敵が侵入しやすくなってしまう

重投射兵器や坑道戦に対応するため高い城壁が必要とされた

一方、倒壊したときに安全が確保しにくいデメリットも。

大砲の出現で状況が一変！

●大砲の出現以降は低い城壁が基本

城壁　低

城壁が低ければ敵の攻撃は当たりやすくなるものの、防衛側は大砲の火力を最大限に有効活用することができた

低い弾道でより広い範囲が狙える

投射兵器に対する脆弱さだけでなく、大砲を設置する空間の確保。

関連項目
- ●バスティヨンを備える城塞→No.017
- ●胸壁・マチコレーション→No.072
- ●攻城兵器その4　投石機・カタパルト→No.056
- ●二重・三重の環状壁→No.079

No.063 攻城戦の兵士の装備

カタパルトやトレビュシェといった特別な兵器を扱う者以外の兵は、主にいし弓などの投射兵器を携行して戦った。

●強力だが危険ないし弓、守備隊は鋼鉄で身を固める

　中世ヨーロッパの一般的な兵士の携行する武器としては、いし弓（クロスボウ）があげられる。いし弓は太矢を弦受けにつがえ、弓のアームで引き絞られた弦を放つ力で投射する兵器である。腰に吊した矢筒に予備の太矢を入れて携行した。とても強力な武器だが、発射準備には少々手間がかかる。いし弓の弦は非常に強力なため、引き絞るには巻き上げ機が必要だった。綱の先に付いたフックをいし弓の弦に引っかけ、ハンドルを回して巻き上げる仕組みだ。このときぶれないように、いし弓の先に付いたあぶみに足を乗せて固定しなければならなかった。

　このように手間がかかるいし弓は、どちらかといえば守備側にとって便利な武器といえる。矢をつがえる間、守備側は胸壁などで身を守ることができるからだ。弓兵が狙いを定めている間に助手が別のいし弓の用意を整えておくこともできる。こうすれば、短い間隔で連続して発射できるというわけだ。

　一方、攻囲軍の弓兵は、身を守るため大盾を携行しなければならなかった。無防備になる矢をつがえる間、大盾の陰に身を隠すためだ。いずれにせよいし弓に熟練するのは難しく、日頃の鍛錬が欠かせなかった。

　また、城に常駐する守備隊などの場合、防具で身を固められていた。バンネットと呼ばれる兜をかぶり、鎖かたびらの首当てで頭部や首回りを保護した。ジュポンというキルト製もしくは布製の胴着の下は、板金かたびらが装備されていた。さらに手には鋼鉄製の手甲をはめ、片方の腕には盾を装着することもあった。こうして全身を鋼鉄で固めて身を守ることができたのは、騎士などの一部の者だけだった。他のほとんどの兵は普通の布や革でできた服や靴を着用した。

いし弓(クロスボウ)は強力な携行武器

弦受け　弦
弓のアーム
あぶみ
太矢

いし弓は巻き上げ機で弦を引き絞り矢をつがえる。このとき無防備になるため、攻囲側の弓兵は大盾を携行した

兜

バンネットと呼ばれる金属製の兜

太矢の入った矢筒を腰に吊す

鎖かたびら

主に頭部の側面や首回り、肩のあたりを防護した

守備隊の装備

城に常駐する守備隊は、全身を鋼鉄の防具で固めていた

ジュポン

鎧などの上に着る、わきが開いた布製の服。紋章が入ることもある

関連項目

●胸壁・マチコレーション→No.072

No.064
城塞都市の門の守り方

城塞都市への進入路である城門の防衛は特に注意が払われた。
あらゆる仕掛けを施して敵兵の侵入を防ぐ工夫が凝らされた。

●城内への侵入を防ぐさまざまな仕掛け

　城塞都市にとって城門は防衛の要となる。実際、城壁の中でも最初に建設されるのは城門である。**モット・アンド・ベイリー**型の城塞において、最初に石で造られたのが城門とキープであった。

　主要な城門はほとんどが塔に付随している。1基の塔内部に組み込まれているか、1～2基の塔が脇を固める形となる。城門は火による攻撃には弱かったため、通路はたいてい石造の丸天井造りだった。

　しかし、一番よいのは城門に侵入させないことだ。そのため城門の外側は堀で防御され、可動式の跳ね橋が備え付けられていた。機械仕掛けによって上昇する装置の跳ね橋で敵の侵入を防ぐのだ。これにより門前に防壁を増築する必要もなかった。

　それでもなお敵兵は城門まで侵入してくる。そんなときには**殺人孔**が役立った。殺人孔は城門の通路の丸天井や高所に設けた開口部で、ここから侵入者に飛び道具などを使って攻撃できる。

　さらに侵入者には、落とし格子が待ち構えている。入口上部に吊り下げられた垂直の門で侵入者を閉じ込めてしまうのだ。巻き上げ機によって操作される落とし格子は、それ以上の侵入者を防ぐ役割も果たす。他にも、床に仕込まれたトラップドアが開くと落とし穴が現れて、そこへ落ちた侵入者は無数に突き立てられた鋭い鋲に刺されてしまう、といった仕掛けも施されていた。

　このように城門には、敵兵の侵入を防ぐためのさまざまな工夫がなされていた。また、主要な門の他にも多くの場合、小さな入口である裏門があった。これは、城内の居住者たちが攻囲軍に対して人知れず出撃する通路として、攻撃的な防衛の手段となっていた。

城門は二重三重の障壁を設けて守る

第1の仕掛け	跳ね橋で城門に侵入させない

城門の外側を堀で防御し、可動式の跳ね橋を設置して敵兵の侵入を防ぐ

第2の仕掛け	殺人孔から攻撃する

丸天井や高所に設けた開口部から飛び道具で攻撃したり、飛び降りて襲撃する

第3の仕掛け	落とし格子で閉じ込める

巻き上げ機で吊り下げた垂直の扉を落とし、敵兵を城門内に閉じ込めてしまう

第4の仕掛け	落とし穴に落とす

床に仕込まれたトラップドアが開くと、穴の床面に尖った鋲などが待ち受ける

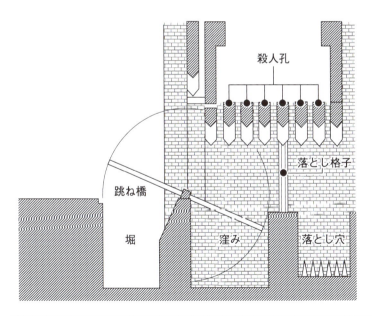

関連項目

- モット・アンド・ベイリー→No.015
- 石落とし(バービカン)・殺人孔→No.075

No.065
戦時と非戦時の守備隊

城塞都市には非戦時にも城に駐屯する守備隊がいた。彼らの多くは騎士であり、やがて自分の地所に居を構えるようになった。

●城に常駐する守備隊はごく少人数

　守備隊とは、城に駐屯して防備に務める部隊をいう。中世の暗黒時代には、騎士たちが城に常住するのが一般的だった。彼らは養ってもらう代わりに、領主のために戦い、城を守った。

　しかし戦争がない期間、非戦時には城は少数の守備隊しか置かないのが普通だった。戦時でも数百、あるいは数十人くらいしかいないところも珍しくはなかったのだ。

　守備隊は騎士、重装の兵士、**民兵**で編成され、いつでも領主の要求に応えられる用意を整えていた。また、武装兵が必要とされるのは戦時とは限らなかった。領主の道中の警護にあたるのも、彼らの仕事だった。特に森の中で襲いかかる盗賊一味に備えておくためである。

　一方、ひとたび戦時になると、包囲された城において守備隊は頼みの綱となる。町の女たちも、守備隊がよく戦えるように手助けをした。城は防備を固めた住居というだけでなく、まわりの地域を支配する軍事基地という性格も持っていた。よって侵略者にとっては、城を占領しない限り、自軍の補給線を絶たれる危険があるということになる。反対に襲われる側にとっては、城を守ることがなにより重要だったわけである。

　初期には城に養われていた騎士も、やがて自分の地所に居を構え、交代で城の警備につくようになっていった。ある騎士が一定期間城にとどまり、次に別の騎士と交替するといった具合である。

　さらに14〜15世紀には、傭兵に城を守らせる制度が一般的になった。領主の住む居室が門の上に築かれるようになったのは、傭兵の裏切りを警戒したためだ。腕利きの傭兵は守備隊としては頼もしいが、裏切ればとたんに危険になる諸刃の剣でもあったのだ。

中世の暗黒時代とは?

およそ800〜900年間をヨーロッパの暗黒時代と呼ぶ

●この時代の守備隊たちは……

領主 ⇄ 守備隊
（扶養／忠誠）

養ってもらう代わりに領主のために戦い、城を守る

●守備隊の状況

	戦時	非戦時
編成	騎士・重装兵・民兵	
城に配備する守備隊の人数	数百人、あるいは数十人程度	少数
主な仕事	領主の要求に応えるべく臨戦態勢で敵に備える	出かける領主の身辺警護を担当する
戦闘内容	城を包囲する敵軍と交戦	道中で襲ってくる悪漢どもを退治する

傭兵は一長一短の存在

14〜15世紀は傭兵たちに金を払い、城を守らせるのが一般的だった。

メリット
金さえ払えば簡単に猛者たちを陣営に呼び込める

メリットがある一方デメリットも！

デメリット
しょせんは金だけの関係なので、いつ裏切られるかわからない

関連項目
●ミリシャ（民兵組織）→No.047

No.066
防御側にメリットのあるらせん階段

中世の城はらせん階段が一般的だった。時計回りに造られたらせん階段は、防衛側にとって武器が使いやすいメリットがあった。

●らせん階段は移動の速さと、剣の振りやすさがメリット

中世の城では、らせん階段が一般的だった。一端が丸い厚板になった扇形の石段を積み重ねていくため、必然的に階段中央に軸となる円柱ができあがる。このような造りのため、らせん階段にすることで場所をとらず、経済的で柔軟な特性を持つというメリットがある。

城内のらせん階段は、通常時計回りに設計された。防衛側（降りる側）の剣を持つ右腕が自由になり、剣を振りやすくなるからだ。反対に、攻撃側（登る側）は、右手に持つ武器が軸柱にぶつかってしまう。

11～12世紀のらせん階段は、モルタル調合か石材のいずれかで丸天井が作られていた。最初の階段は、らせんボールトの頂部に設けられた後続の階段とともに頑丈な基盤上に建築された。ボールトとは曲面天井のことである。また、中央の親柱と階段の吹き抜けの壁は、丸天井用の迫台（アーチの両端を支える台のこと）の役割を果たした。

12世紀末ごろには、1枚の踏石を採用したものが登場し、らせん階段の建築に革命をもたらした。1個の石の厚板から切り出された各階段は、親柱の断面と一体化した。建設は非常に簡素化され、丸天井を作る必要もなくなったのである。

また、14世紀のイングランド北部では、傘型ボールトが流行した。階段の親柱で支えられた石屋根は平坦なものも多かったが、ノーザンバーランドにあるワークワース城などのように、丸天井付きの優雅な曲線で形作られるものも見られるようになった。

さらに、らせん階段には早い移動を可能にするというメリットもある。直線的な階段と違い、踊り場で向きを変える必要がないので、一定のペースで駆け下りることができるのである。

コンパクトかつ戦略的ならせん階段

防御側兵士
右側に空間があるので、右手に持った剣を振りやすい

武器が柱に当たって戦いにくい！

攻撃側兵士
右側の軸柱がじゃまで、剣を持つ右手を動かしづらい

階段
当時のらせん階段は、時計回りで昇っていくのが一般的だった。

軸柱
らせん階段の軸になる柱を軸柱という。中世の時代はほとんどが石造

らせん階段にするもうひとつのメリット

普通の階段は踊り場で向きを変える際に時間がかかるが、らせん階段はそれがないので移動速度が速く、また一定である

No.067
矢狭間から攻撃する

城の胸壁には防御する弓兵が利用する矢狭間という開口部があった。ここから身を守りつつ、敵に対して矢を放つのだ。

●敵の攻撃から身を守りつつ矢を射る開口部

　胸壁とは、築城の上部のことを言う。通常、胸壁には敵の投射から城兵を守るためのクレノー（開口部）が設けられた。また、クレノー付き胸壁はアンブラジュールと呼ばれる開口部と、メルロンと呼ばれる小壁体の連続からなっている。

　12世紀以降、石造築城建設の傾向が高まり、石工たちの技術が洗練されていくと、クレノー付き胸壁はより複雑になっていった。その中でいくつかの地方では、矢狭間といわれる射出口がメルロンに設けられるようになった。これがあることで射手は敵の攻撃に身をさらすことなく、矢を射ることができる。

　矢狭間の断面は、内側に向かって広がる朝顔型になっていて、壁の中は広い空間になっていた。射手は片側の壁に身を寄せて穴からのぞき、敵が射程内に入るのを待つ。そしてチャンスとみれば素早く空間の中央に移動し、狙いを定めて矢を放つのだ。

　ウェールズのカイルナルヴォン城塞では、メルロンと城壁に、さらに洗練された矢狭間があり、ふたつの狭間を持つくさび形の凹部となっている。そうすることで射手は2方向に射出可能となり、いろいろな角度で矢を射ることができた。

　他にも、ベルギーのブイヨン城塞では、3つの狭間を備えた同種の開口部があり、射手はさらに広範囲に向けて射出できるようになっており、より柔軟な迎撃が可能となっていた。

　このように矢狭間は城兵側にとって有利なように工夫が凝らされていた。攻める側も弓の名人なら、近距離からであれば狭間の中に矢を射込むことも可能だったかもしれない。

胸壁を盾に射出口から敵を狙う

●さまざまな矢狭間（狭間）

A 弓のための狭間（矢狭間）

B いし弓と弓のための狭間

C 携行砲のための砲門

D 火砲のための結合砲門

関連項目

●胸壁・マチコレーション→No.072

No.068
衝角の対処法

城壁は防衛の要である。その城壁を破壊しようとする衝角兵器に対して、防御側はあらゆる手段を用いて対処しようとした。

●フックで引っかけて衝角をひっくり返す

　衝角（破城槌）は単純だが強力な兵器だった。攻囲軍が衝角を使って、ひとたび城壁に突破口が開かれてしまえば、戦況は大きく変わる。防御側とすれば、それはなんとしてでも抑えたいところだ。

　そこで城壁を衝角から守るさまざまな手段がとられた。たとえば、絨毯などの織物を城壁から吊り下げて、衝角の打撃をやわらげるというもの。消極的なやり方に見えるが、これだと敵が衝角を移動させても、すぐに対応できるという機動性にすぐれている。また、絨毯織物のように薄くやわらかいもので効果があるかという疑問もあるが、衝角の打撃のような衝撃は意外と吸収されてしまう。

　積極的な手段としては、衝角自体を使えないようにしようとするものもあった。たとえば、重量のある発射体を使ったり、上から棹を揺らしたりして衝角を破壊しようというものだ。また、東方のイスラム教徒たちは衝角に対処するさらに効果的な方法を編み出した。ポールの先に取り付けたフックを引っかけて、衝角をひっくり返してしまおうというのだ。実際、この方法は非常に効果的で、十字軍もすぐに採用し、ヨーロッパに戻ってからも実行した。

　だが、すでに衝角により痛めつけられてしまった城壁については、突破口を埋めて、損害を被った城壁を修理しようとした。敵兵が攻め寄せ、**火器**などの発射体が雨あられと降り注ぐ中で作業をするのは大変な危険を伴ったことだろう。それでも工兵たちは城を守るため、懸命に城壁の修復にいそしんだ。

　胸壁から守る者、壁の内側から修復する者と、硬軟織り交ぜたあらゆる手段で防御側は衝角から城壁を守ろうとした。

衝角の対処3パターン

A 消極的対処法……絨毯を垂らして衝撃を吸収

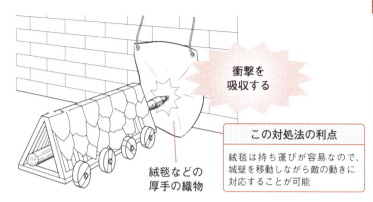

衝撃を吸収する

絨毯などの厚手の織物

この対処法の利点

絨毯は持ち運びが容易なので、城壁を移動しながら敵の動きに対応することが可能

B 積極的対処法……衝角をひっくり返す

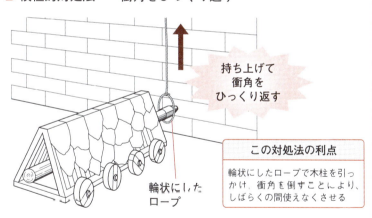

持ち上げて衝角をひっくり返す

輪状にしたロープ

この対処法の利点

輪状にしたロープで木柱を引っかけ、衝角を倒すことにより、しばらくの間使えなくさせる

C 対処療法……損害を受けた城壁を修復

開けられてしまった突破口を修復して埋める。敵兵が押し寄せる中での修復作業は大きな危険を伴った

関連項目

● 攻城兵器その2　破城槌(衝角)→No.054
● 火を使った攻防→No.060

No.069
クサールは要塞兼穀物倉

町の防衛には食料の備蓄も欠かせない。チュニジア南部にはクサールと呼ばれる要塞兼穀物倉が建てられていた。

●備蓄食料を守る武装した穀物倉

　クサールとは、チュニジア南部に多く見られた穀物倉のことだ。準遊牧民ベルベル族の典型的建造物であるクサールは、通常オアシスの近くに建つ要塞で、地元の村を守るのが目的であった。起源は15世紀までさかのぼり、当時の生活様式を伝えている。

　クサールとは一般的にゴルファの集合体のことを指す。ゴルファとは縦に横に密接して連なっている小屋のこと。主に穀物を保存する倉庫として使われていたが、住民の住まいという用途もあった。また、武装を施すことによって、ゴルファを小さな要塞のように使っていたとも伝えられている。

　かつて地中海の港ガベスをサハラのオアシス・ガダメスにつなぐ道に、クサールが今も残っている。これらは、18〜19世紀のものと考えられている。2階から4階建ての穀物倉が建ち並び、その中央には中庭がある。この地方には雨がほとんど降らないため、屋根は粘土で造られた半円筒ボールト式天井を取り入れている。木材が手に入りにくい土地では、このような屋根しか作れなかったようだ。

　屋根組みや足場のない天井を支えるために、建築する際はエスパルト（葦の仲間）で造った土嚢が使用され、天井が乾くと土嚢が取り除かれた。これらの穀物倉では、部族が家畜を連れて遠くまで遊牧している間、武器を持った衛兵がゴルファのてっぺんで警戒していた。

　また、穀物倉の入口には手の形が描かれているが、これは「守りの手」を表していた。ボールト式天井付きの数階建ての穀物倉には階段が設けられて、中で上り下りできるようになっている。

　他にも、キャラバンが通る道沿いの岩山の上に築かれた、クサール・ムラビティンヌという穀物倉もあったが、今は存在していない。

食料備蓄も城塞の防衛には欠かせない

●チュニジア南部にみられたクサール（穀物倉）

外階段
積まれるようにして縦に並ぶゴルファを行き来する外階段は、非常に急こう配。ゴルファ内に階段がある場合もあった

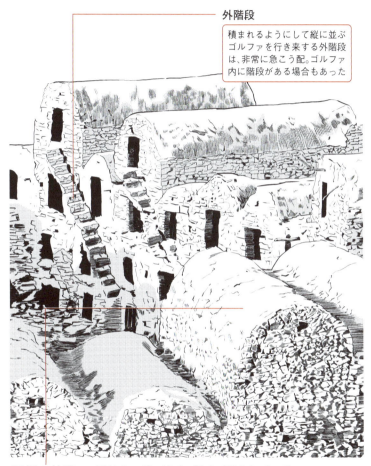

屋根の特徴　1　形はカマボコ状で、粘土で造られている
　　　　　　　2　略奪者の襲来に備えて、兵士がここで見張っていた

雨がほとんど降らないため、屋根は粘土で造られている。武装設備が施され、備蓄食料を略奪者から守るために用意された。部族が遠くで遊牧している間、武器を持った衛兵がゴルファのてっぺんで警戒した

No.070
溝と堀の重要性

文書記録があるよりも前の時代から、城を溝や堀で取り囲むのは防御様式の基本だった。各地域で自然の利を生かした溝が造られた。

●城塞を溝で囲むのは防衛の基本

　城塞を守るには、周囲に防御線を敷いて外敵が侵入できないようにするのが得策だ。溝や土手で取り囲むことによってバリケードを張り巡らせるという方法は、最古の防御様式のひとつである。その起源は文書記録の時代以前にまでさかのぼる。

　初期の城の大部分は土手と溝に囲まれていた。溝から掘り出された土は投げ出されて周囲の土手を造り、また包囲地の土台を築いた。こうすることで防御側の人間は、城門ではなく壁に接近しようとする者を上から見下ろすことができ、軍事面で優位に立てた。また、溝は攻囲戦用兵器の接近をも阻んだ。

　城塞の周囲に確実な水源がある場合、溝に注水してさらなる障害物とすることもできた。12世紀のトルトーザ城では、シリア沿岸部という地の利を生かし、二重の溝はいつでも海水が満たされていた。一方、内陸部では堀の水源の多くは泉や小川だった。フランス南西部ジロンドのサン＝メダール＝アン＝ジャルにある要塞型**マナーハウス**は川の右岸に建てられ、その周囲の堀には川の水が引き入れられた。

　その他にも地形を生かした防御方法がとられていた。岬に建つ城の場合、進入路の全長に渡って溝を掘るのが有効だ。このような方法の極端な例がシリアのソーヌ城で行われた。なんと城が建っている土台部分だけを残し、周囲をぐるりと削り取ってしまったのだ。溝の中央に残ったのは、柱状の土台の上にぽつんと建った城だった。幅18mにおよぶ溝を渡るには橋を架ける必要があった。

　このようにして造られた初期の城にみられる溝と土塁(どるい)は一般にとても頑丈で、城が存続する間はずっと保持された。

外敵を城壁から遠ざける溝と堀

狭間
射眼
堀
橋

> 水を張った堀で囲めば侵入しにくくなる

堀の水は内陸部なら泉や小川、沿岸部なら海から引かれた。他にも岬にある城塞は周囲の岩を削り、陸の孤島のようにして溝を造った

●攻撃側の対抗策は？

堀を埋める	堀を土で埋めることで、多数の兵士が城壁に肉薄できる。だが、堀を埋めるのは敵の攻撃にさらされる非常に危険な作戦だった
橋から突入	力任せに橋を渡って突撃する。これも城門が開くまでは敵の矢にさらされるので、ハッキリ言って愚策

関連項目

●要塞化した屋敷マナーハウス→No.099

No.071 城壁上での防衛戦

多くの城塞の城壁には歩廊(ほろう)が設けられていた。この歩廊から周囲を監視し、攻撃を受けたときは胸壁(きょうへき)の射眼から反撃もした。

●城壁上の歩廊から監視し兵を配備する

　城塞の防衛の大部分は城壁上から指揮される。城壁の上という場所は、防衛側が戦略上非常に有利になるからだ。そして、その城壁上での防衛の大動脈といえば歩廊である。すなわち、城壁頂部に設けられた通路のことだ。歩廊の多くは片側面を狭間(さま)付き胸壁で守備固めされている。石畳の通路という形状をしており、凸壁(とっぺき)にはたいてい射眼がうがたれていた。中世後期のカーテン・ウォールの中には、外側と同じように内側にも胸壁があるものも見られた。

　胸壁に防御された歩廊は、防衛側が兵を配備して物資を供給するときの必要不可欠な経路でもあった。また、周辺地域の動向を監視するのに見晴らしの利く場所としても機能した。

　フランス南部にあるカルカソンヌにも、やはり城壁上に衛兵が巡察するための**歩廊**(マチコレーション)が設けられている。この歩廊はカーテン・ウォールの両側から突出した部分があり、他よりも少し広い空間になった城壁小塔を通過する。その空間は衛兵詰所として使われており、小塔の内壁には暖炉設備があって、上部は石造の覆いがある。屋根があり、扉が設置されていたことも明らかである。寒い時期、衛兵が外壁の射眼から監視を続けているときに、風雨を避けて暖をとれるようになっているのだ。

　同じくフランス南部のタラスコン城の場合は少し趣が異なる。14世紀後期に起こった城郭設計の技術革新は、連続した歩廊を設置するために、同じ高さの塔とカーテン・ウォールを建設した。ローヌ川の土手上に建つタラスコン城は1400年に建設が開始され、今も現存している。歩廊がひと続きになっていることで防衛上の利点もあったと考えられるが、設計には美意識の変化も伴っているようだ。

城壁上の歩廊は防衛の大動脈

城塞の防衛の大部分は城壁上から指揮される

城壁頂部の歩廊は防衛の大動脈

つまり歩廊は

- 兵を配備し物資を供給するのに必要不可欠な経路
- 周辺地域の動向を監視するのに見晴らしの利く場所

●カルカソンヌの衛兵詰所（上から見た図）

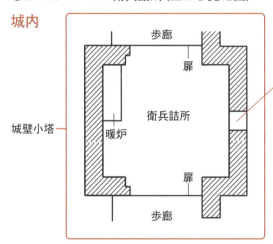

射眼
ここに開いた穴から遠距離攻撃をして、場外の敵にダメージを与える

小塔の内部には暖炉、その上部は石造の覆いがある。監視する兵士が寒い季節に暖をとることができるようになっている

関連項目
●胸壁・マチコレーション→No.072　　●射眼・銃眼→No.077

No.072
胸壁・マチコレーション

城壁の上部にあたる胸壁(きょうへき)には歩廊(ほろう)（マチコレーション）と狭間(さま)が設けられていた。胸壁頂部の笠石(かさいし)にも防御のための工夫があった。

●凸壁と狭間からなる城塞の盾

　城の胸壁には必ず**狭間**が設置された。狭間は、城が要塞として形式上特定される特徴のひとつでもあった。イングランドでは、国王による城の認可は狭間を設けるための許可という形で採択された。公式用語において狭間は要塞と同義語だったことを明示する表現となっている。また、胸壁は防衛上実用的な一形状であったが、狭間には流行の変化もあり、貴族階級を表す象徴でもあったと考えられている。

　ほとんどの胸壁は凸壁(とっぺき)と狭間が連続した形で造られている。どちらの頂部にも笠石が備えられているが、笠石は外壁面上に突出し、成形した縁で造られていた。13世紀によく見られたもので、戦略上の目的としては、敵の矢が胸壁の頂部をかすめて城内へ侵入するのを防ぐためだった。また、ときとして凸壁の両側に同じ処理が施されているものもあった。

　狭間の部分には、飛び道具が発射できる朝顔口の射眼があった。寸法はさまざまだったが、初期の凸壁は狭間よりもかなり広い傾向があった。1200年ごろから凸壁に射眼がうがたれるようになった。

　やがて歩廊が屋根や丸天井で覆われるようになると、周囲を囲む壁に狭間を設けることができないため、開口部と、射眼がうがたれた遮蔽壁(しゃへいへき)を交互に設ける建築様式が導入された。

　このように時代によって変化こそすれ、狭間付き胸壁は歩廊全域を防御するものという点では一致している。城塞の防衛にとって非常に重要な設備なのだ。そこで通路の高さに変化がある場所では、胸壁も対応して高さを変える必要があった。なので、例えば歩廊に階段がある場所では、胸壁も適正な高さを保つように階段状に造られた。守りと攻めを兼ね備えた胸壁は、城塞の盾であり矛でもあったのだ。

胸壁に狭間があることが要塞の条件

●外側から見た胸壁

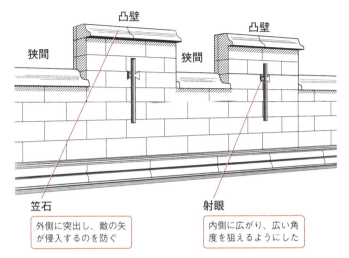

笠石: 外側に突出し、敵の矢が侵入するのを防ぐ

射眼: 内側に広がり、広い角度を狙えるようにした

●階段状の胸壁

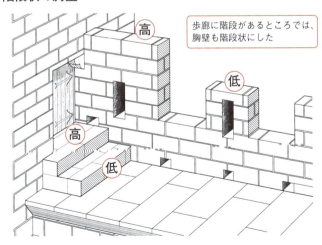

歩廊に階段があるところでは、胸壁も階段状にした

関連項目

●矢狭間から攻撃する→No.067

No.073
鎧戸で防衛側の弱点をカバー

胸壁の狭間は防衛側の攻撃手段であるとともに安全上の弱点でもあった。可動式の鎧戸を設けることでこの弱点を克服した。

●狭間から兵士の身を守る可動式の遮蔽

　胸壁の凸壁は歩廊にいる防衛側の兵士が身を隠すことができる場所だった。だが、胸壁には凸壁と狭間が交互に並んでいる。連続する遮蔽物がないことは、胸壁の防衛特性における重要な弱点だったのだ。

　この欠点を改善するために採用されたのが、狭間に鎧戸を設けることだった。狭間の鎧戸は木製で、水平面上で蝶番式に旋回するように、鉄製の取り付け具で所定の位置に固定されたものだ。蝶番式にしたことで監視や発射物を発射する際にも、自在に開閉できるようになっていた。

　狭間の鎧戸のトラニオン(部品を支える回転軸)は、凸壁の側壁内に掘られたハウジング(機械装置などを包んで保護する箱形の部分)内に収容された。鎧戸が木製であるために現存していなくても、凸壁に残された溝穴を見れば、同様の機構が備え付けられていたことがわかる。旋回軸の一端はひとつの穴の内部に、他端は取り外しが容易な溝穴内に設置された。

　さらに、周囲に囲いがある歩廊では、狭間には独自に操作できる二重の鎧戸が設置されることがあった。屋根があるために狭間の上部にも開放部がなく、設置や取り外しが困難だという理由から、二重の鎧戸にすることで操作を簡単にしようという工夫であったと思われる。上部鎧戸は枠の頂部で、外側のさねはぎ(板に溝を掘って接合する工法)の溝内に固定した鉄製の軸棒に取り付けられるようになっていた。

　一方、下部鎧戸の固定には別の方法が使われた。外面には蝶番棒が取り付けられ、狭間の両側でそれぞれ壁面に固定された1組のヒンジ上に掛けられるようになっていた。

　二重の鎧戸には他にもメリットがあった。上部鎧戸を開ければ、危険に身をさらすことなく、換気や採光を増やすことができたことである。

鎧戸は臨機応変に動かせる遮蔽物

●一般的な胸壁

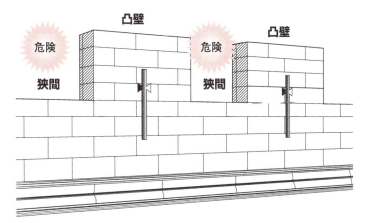

凸壁と狭間からなる胸壁では、連続した遮蔽物がないのが弱点

「守ってくれるものがないから危険なんです」

危険な狭間を可動式の鎧戸で守ればいい！

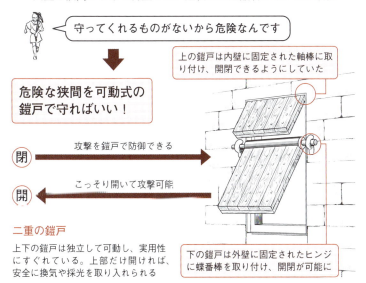

閉：攻撃を鎧戸で防御できる
開：こっそり開いて攻撃可能

上の鎧戸は内壁に固定された軸棒に取り付け、開閉できるようにしていた

下の鎧戸は外壁に固定されたヒンジに蝶番棒を取り付け、開閉が可能に

二重の鎧戸

上下の鎧戸は独立して可動し、実用性にすぐれている。上部だけ開ければ、安全に換気や採光を取り入れられる

関連項目
●胸壁・マチコレーション→No.072

No.074
櫓から岩石や熱湯などで攻撃

城壁を守るため、胸壁上部に櫓といわれる突出した歩廊が設けられることがあった。ここから城兵は岩石や熱い液体を落とした。

●城壁直下へ攻撃を加える仮設歩廊

　12世紀を通じて城塔や城壁の**胸壁**には櫓という守備設備が造られた。この木造建築物は胸壁の前面に城壁から突出して設けられ、通常は木造の屋根に覆われて城兵を守っていた。櫓は防衛上の最前線を作り出し、城壁正面の領域を直接支配するために設けられたものだ。石造築城の建設中に溝と支持材が城壁と城塔に設けられ、それが櫓を支えるための木製コーベル（支持材）、または梁となった。

　櫓は城壁から突き出ていて、いわば宙に浮いた歩廊となっている。この形状から**城壁の下部にいる敵**に対して射撃が可能となった。櫓の木製の床には開口部があり、城兵はそこから岩石や熱い液体を投下。**城壁をよじ登ってくる攻城兵**たちを落とすことができた。城壁下部にプリンス（基部を斜めに傾けたもの）を備えている場合には、敵の投射物を外側に跳ね返し、城壁付近に迫っている部隊にまで損害を与えることができた。さらに弓兵は櫓の真下にいる敵に直接矢を射ることができた。

　また、櫓には城壁の緩衝物としての役割も果たした。もし櫓の部分が破壊されても、その後ろにある胸壁は無事というわけだ。普通、櫓は仮設のものに過ぎなかった。城塞が危機に面したときに建設され、危機が去ると撤去された。櫓が何年くらいもつのか正確にはわからないが、木造築城から推測すると、数年から数十年の間は使用できたのではないかと考えられている。

　だが、それも推測に過ぎない。中世の櫓はわずか一例だけが現存しているが、その特徴に関する情報は当時の絵画や、櫓に対応した城壁の石細工から読み解くしかないからだ。しかし、唯一現存するフランス北部のラヴァル城の櫓に関しては、その構造から永久的建築物として設計されていたことを表している。

城壁上に設置した櫓から敵を迎撃する

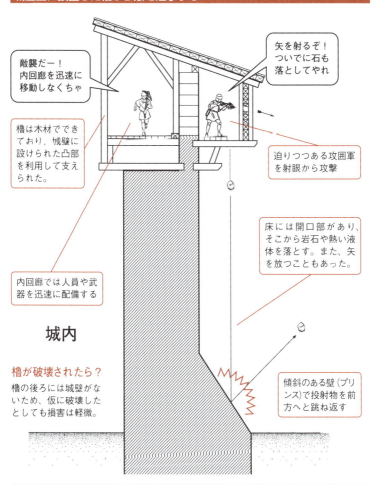

櫓は城塞が危機に面したとき建設され、危機が去ると撤去された

関連項目
- エスカラード（城壁をよじ登る）→No.052
- 胸壁・マチコレーション→No.072
- 攻城兵器その2　破城槌（衝角）→No.054

No.075
石落とし（バービカン）・殺人孔

木造だった櫓はやがて石造の石落としへと発展した。城壁の基部を守る石落としの他に、城門を守る殺人孔という似た機構もあった。

●敵の頭上に攻撃する耐火性のある設備

　櫓はカーテン・ウォールの基部を支配できた。城壁への攻撃や**梯子登り**による侵入に対しては抜群の防衛力を示した。だが、櫓の欠点は木造であることだ。木造であるために**投石機**や火を使った攻撃には無防備といっていいほど弱い。この弱点を克服する解決法のひとつは、石で櫓の機能を模した壁頂部の防衛方式を構築することだった。頑丈で耐火性もある溝状の石落としは、そうした方式の最初の試みだった。

　西ヨーロッパにおける溝状の石落としの一例は、フランスのノルマンディーにあるゲイラード城のドンジョンに見られる。1196年～1198年に建築された**胸壁**は、尖塔アーチ形で連結したくさび型の控え壁（主壁に対して垂直に接する補助壁）上で支持され、石落としの溝は控え壁の間の凹部上部に設置されている。

　溝状の石落としは、14世紀には主要な**要塞型住居**にも用いられた。フランス南部にあるアヴィニョン教皇庁は、転び（傾斜のついた柱）の付いた礎石と、控え壁を支える石落としを組み合わせ、強力な要塞を造りあげた。

　また、防衛の要である城門にもさまざまな工夫がなされた。城の入口は明らかに弱点であるので、前にバービカンといわれる防衛施設を設けることもあった。入口の防備を左右対になった巨大な塔で固め、ここでも石落としと同様の機構があり、アーチの天井から敵めがけて石などを落とせるようになっていた。

　城門に限られたものでは、殺人孔も石落としのひとつだ。城門の通路の丸天井や高所に設けた開口部は、上層階の占拠者によって使用される。防衛側の兵が配備され、許可なく城門へ侵入してきた者に対して、弓や投石などで襲撃できる手段になっているのだ。

落下物で敵を攻撃する石落とし

●ゲイラード城の石落とし

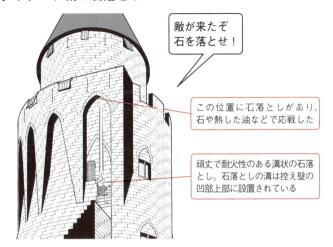

敵が来たぞ石を落とせ！

この位置に石落としがあり、石や熱した油などで応戦した

頑丈で耐火性のある溝状の石落とし。石落としの溝は控え壁の凹部上部に設置されている

城門の上部に殺人孔を備えて敵を迎え撃つ

城門内の平面図

玄関上部には2列の殺人孔があり、各列の間が落とし格子で閉じられる。

この穴から矢を放ったり、重い物などを落とした

落とし格子はすぐに落下させられるようになっていて、敵を閉じ込めた

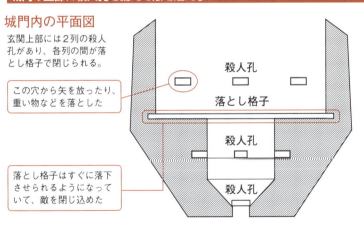

関連項目

- ●エスカラード（城壁をよじ登る）→No.052
- ●胸壁・マチコレーション→No.072
- ●攻城兵器その4　投石機・カタパルト→No.056
- ●要塞化した屋敷マナーハウス→No.099

No.076
城壁頂部の防衛とその方法

城壁頂部の防衛施設は時代を経るごとに発展していった。木造の櫓は複階層のものになり、石造になると建築に工夫が凝らされた。

●階層状の防衛施設を城壁頂部に造る

　木造の**櫓**が発展していくことにより、城壁頂部の防衛はさらに堅固なものになっていった。加工の容易な木材の特性を生かし、2階あるいは3階といった複階層の櫓までが現れた。フランスクーシー城のドンジョンに再建された櫓には2段の防衛設備があった。第1の設備は櫓の下にある石造内の**射眼**を使用して城壁背後の砲座から、第2は城壁の外側にある櫓自体から応戦するようになっている。

　やがて木造の櫓は石造の石落としに取り替えられていく。そのおかげで強度と耐久性の向上した建築物になった。だが、より重く弾力性の低い石材の特性により、木造建築物の完全に忠実な複製を造ることはできなかった。特に木造の櫓でみられたような複階層の防衛施設を配列することは不可能に思われた。

　しかし、14世紀のフランスである変化が生まれていた。城郭建築者たちは苦慮の結果、同じ結論に達し、さらにめざましい建築学的特徴を生み出す代替方式を考案した。パリ近郊のピエールフォン城では、3階層からなる石造城壁頂部の防衛施設を建設した。3階層のうち1階は、持ち送り（張り出した重量を支える構造物）上で支えられた正面壁と、後方の壁に向かって傾斜した屋根のある石落とし付きの回廊になっている。回廊の背後と上部は**狭間**を設けた階層で、上部には外部歩廊の狭間付き**胸壁**がある。

　石落とし付き回廊の階では、歩廊が壁の横桟（横方向に組まれている桟）の上にあるため、外壁は狭くなっている。壁は回廊の背後で支えられ、回廊と同じく狭間と射眼がうがたれた別の階層を作り出す。また、狭間付き胸壁は、別の階の防衛施設も形成しているのだ。こうした構造を考案したことにより、複階層からの防衛を可能にしたのである。

城壁頂部の防衛は木造から石造へ

木造の櫓は加工がしやすい

2階、3階といった複階層の櫓が造られる

だが、木造の櫓は火を使った兵器に弱い

石造の石落としなら火にも強い

だが、石材で木造の櫓を複製するのは困難

14世紀フランスで複数階層の石造施設が考案

ピエールフォン城の防衛施設

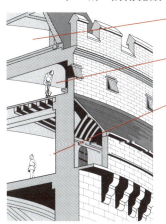

- 3階は外部歩廊の狭間付き胸壁
- 2階は狭間を設けた回廊
- 1階は傾斜屋根のある石落とし付き回廊

1階は持ち送り上に支えられた回廊が突出し、その背後と上部に2階、胸壁を3階として3階層の防衛施設を建設した

関連項目
- 矢狭間から攻撃する→No.067
- 櫓から岩石や熱湯などで攻撃→No.074
- 胸壁・マチコレーション→No.072
- 射眼・銃眼→No.077

No.077
射眼・銃眼

防衛側は城の内部にある射眼から遠距離攻撃をして敵を迎え撃った。14世紀後期以降には小銃用の銃眼が同じ役目を果たした。

●出撃せずに攻囲軍を襲撃する手段

攻囲軍が迫ってきたとき、防衛側の兵が出撃する以外に敵を迎撃する主要手段のひとつが、弓またはいし弓による遠距離攻撃だった。初期の城ではカーテン・ウォールの胸壁(きょうへき)が主な配置地点としての役割を果たしたが、弓の射手は敵からの報復には無防備だった。そこで城の建材内部に射眼(弓を射る穴)を設けた。城の内部からならば、弓やいし弓の射手たちに比較的安全な持ち場を与えた上で、攻撃を指揮することができるからだ。

射手の作戦基地は、壁がんと呼ばれる射眼後方にある頑丈な凹部(おうぶ)の空間だった。射手は射眼の朝顔口(朝顔のように先端が広く開いた口)に接近することができ、壁がんには石造の長椅子が設置されていることもある。壁がんがあるおかげで外壁にある射眼の全長を防御できるようになっていた。また、射眼の朝顔口は傾斜しており、大きな射界が得られるようになっている。しかし壁厚が比較的薄い城では、壁がんがなくても射手は射眼に十分に接近できた。

一方の銃眼は、14世紀後期以降に一時的な流行でイングランドの城に導入されたものだ。フランスでの一般的な導入はさらに遅れたが、15世紀には増加して、主たる防衛設備となった。中世後期の銃眼はすべて大砲用というより小型銃用だったとみられる。

銃眼は側塔内部や城門の上部に多く設置されていた。銃眼の形にはさまざまあり、最古のものは円形オイレット(＝穴)の形であろう。イングランドにある初期の銃眼は、逆さまの鍵穴型で、銃用の円形オイレットとその上に長い照準溝がある。その他円形オイレットと照準溝が独立した形のものや、ダンベル型といわれる第2のオイレットがあるものなどがあった。しかし銃眼の場合、射眼ほど整然とは配置されておらず、特定の場所に集中していた。

比較的安全な城の内部から射撃

●壁がんのある射眼

射眼

射手は壁がんで様子を見ながら朝顔口に近づいて弓を射る

石造りの長椅子

●さまざまな銃眼の形

逆さまの鍵穴型
銃用の円形オイレットと、その上に長い照準溝がある

ダンベル型
照準溝の頂部に第2のオイレットがあるもの

独立型照準溝
オイレットはひとつの石から削ったもので照準溝とは独立している

傾斜した朝顔口
射界を広げるため、深く傾斜した朝顔口内部に設置されている

関連項目
- ●胸壁・マチコレーション→No.072
- ●受動的防衛と能動的防衛→No.080

No.078
守りに適した城壁

城塞都市を侵入者から守るのに城壁は最も重要な設備だ。そのため城壁には敵の襲撃に耐えるだけの頑丈さが求められた。

●厚さと高さ、基部には転びをつけた

　城壁の主要な目的は、都市に敵が侵入するのを防ぐことだ。そのため守りに徹したさまざまな工夫が凝らされている。まず、破城槌（はじょうつい）にも抵抗するのに十分な厚さ、それに梯子を用いてもよじ登れない十分な高さがあることが必要だった。厚さが25〜34mあったといわれる古代ウルの城壁や、高さが25mあったバビロンの城壁などがよい例である。

　また城壁は、防衛側を下から狙撃する投擲物から守り、同時に壁の基礎部分を防衛できる必要もある。こうした問題を解決するひとつの方法が、城壁に転びをつけることだ。転びとは、城壁基部に厚みを付けて傾斜面を作ったもの。

　転びをつけるメリットはいくつかある。ひとつは、掘削に対して壁を保護し、幅広い基部が壁により安定性を与えることだ。

　2番目に、包囲兵器は基部から距離を置いて使わざるを得ないので、壁をよじ登ることが一層困難になった。

　3番目には、傾斜面が城壁に与えた厚みによって、砲撃に対する防衛力が増すこと。さらには転びの上から攻囲軍に向けて勢いよく飛び道具を落とすこともできた。

　狭間（さま）付き胸壁は防衛者を守り、壁の上端から突出した歩廊は壁の基礎部分を守った。そして塁壁を横から防衛するために、壁から突出した塔が矢の射程間隔を空けて建てられ、侵入者は幅広い水堀を渡らざるを得ず、壁への接近を困難にさせられた。

　それでも攻囲軍に迫られ、火を使った攻撃にさらされて城壁に燃え移ったときには、老人や動物の尿を用いて消火したり、延焼を遅らせようとした。城壁を守るため、防衛側は攻囲戦の始まる前にこれらの尿を大量に集め、あらかじめ城塞内に貯蔵しておいたほどだった。

城壁に求められる2大要素

① 城壁は十分に厚くなければならない

② 城壁は十分に高くなければならない

その理由は？

破城槌の破壊力にも耐えなければならない

梯子を使ってもよじ登れないようにする

古代ウルの城壁は厚みが25～34mあった

バビロンの城塞は高さが25mあった

城壁に転びをつける

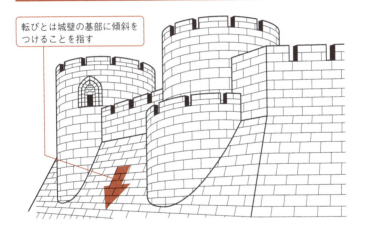

転びとは城壁の基部に傾斜をつけることを指す

転びをつけると、こんな利点がある

- (攻) 岩などの投下物を傾斜に跳ね返らせて敵を攻撃
- (守) 傾斜があるので長い梯子が必要で、登るのが困難
- (守) 薄い城壁に比べて、砲撃への耐久力が高い
- (守) 壁が厚いので、掘削に対して壁を保護できる

関連項目

●櫓から岩石や熱湯などで攻撃→No.074

No.079
多重城壁による防衛

侵入者を城塞内に近づけないためには、城壁を頑丈にするだけでなく、幾重にも張り巡らせるという手段もとられた。

●中世築城の究極の形

　本丸に敵を容易に近づけないことが城塞防衛の鉄則である。そのために二重三重の環状壁で都市を囲むこともあった。このような多重環状城壁を備えた複合城塞建築は、さまざまな防衛が幾重にも張り巡らされた中世築城の究極の形といえる。

　その好例に挙げられるのが、イギリス・ケント州にあるドーヴァー城塞である。ドーヴァー城塞は多重環状構築物の典型的な例であり、偉大な築城者ヘンリー2世とその工兵（軍事技術者）たち、それを受け継いだジョン王やヘンリー3世といった歴代の王の尽力と莫大な出費により、中世で最も堅牢な城塞のひとつにまで発展した。

　ドーヴァーを鉄壁の城郭にしていたのは、なにより多重環状城壁を備えた設計にあった。大城塔の周囲には一重ではなく、二重のカーテン・ウォールが高い土手と深い堀の間にめぐらされた。外城壁は1180年代に建設が始まり、イングランド王ジョンの治政（在位1199～1216年）下でようやく完成。ドーヴァーは西欧で最初の多重環状城壁を備えた城塞としてその名を馳せるようになったのだ。

　ドーヴァー城塞には、他にもあらゆる防衛設備が整っていた。大キープは二重の城壁と城壁から突出した城塔に囲まれ、攻囲戦の際に難攻不落の最後の砦となった。

　また、**フランス軍に坑道を掘られた**失敗を反省し、アンサントの外側に3層構造の塔（セント・ジョン塔）を建て、地下道を通って行き来できるようにした。多重環状防御施設に始まり、巨大なキープ、等間隔で設けられた城塔の数々、さらには陸も海も一望できる断崖絶壁の上という立地も相まって、ドーヴァー城塞は「イングランドへの鍵」と呼ばれるようになったのだ。

二重の城壁に囲まれたドーヴァー城塞

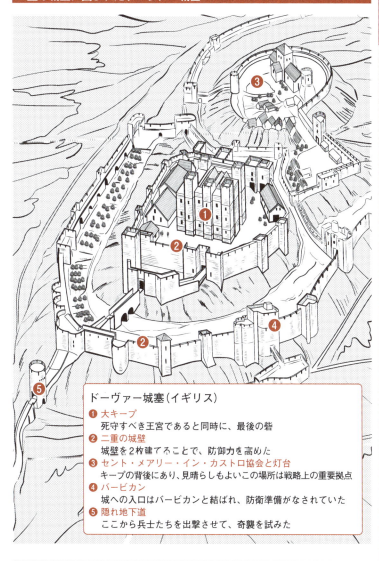

ドーヴァー城塞（イギリス）

❶ **大キープ**
死守すべき王宮であると同時に、最後の砦

❷ **二重の城壁**
城壁を2枚建てることで、防御力を高めた

❸ **セント・メアリー・イン・カストロ協会と灯台**
キープの背後にあり、見晴らしもよいこの場所は戦略上の重要拠点

❹ **バービカン**
城への入口はバービカンと結ばれ、防衛準備がなされていた

❺ **隠れ地下道**
ここから兵士たちを出撃させて、奇襲を試みた

関連項目

●地中を掘り進んで城壁を攻撃する坑道戦→No.058

No.080
受動的防衛と能動的防衛

攻囲軍から城壁を防衛するにも、時代により意識の変遷があった。すなわち受動的な防衛から能動的防衛への変化である。

●壁にとどまり守るか、離れて出撃するか

　紀元前4世紀ごろまでは、受動的な防衛が慣習的な概念として支配していた。紀元前4世紀中ごろに創設されたプリエネは、まさにそうした概念で造られた城塞都市だった。

　都市を取り囲む城壁は、土地が低い方の4分の3までは壁が町の外周にぴったりと沿っているが、北側では町をはるかに超えて伸び、山の頂上までを取り巻いている。これは、攻めてきた敵に高い位置を陣取られないようにする措置と考えられる。

　プリエネのような城塞都市では、防衛者は敵を湾内にとどめるために主として壁の高さと強さに頼り、攻撃を受けている最中にも壁の防護から離れることはめったになかった。包囲攻撃用の兵器は、たとえば破城槌(はじょうつい)などのように効果を上げるためには壁近くまで運んでくる必要があったが、防衛者はこれに対し、狭間(さま)の付いた壁の上端や塔で身を守りつつ、敵を十分引きつけてから攻撃兵器の効力を奪おうとした。

　しかし紀元前4世紀を過ぎると、防衛概念に根本的な変化が起きた。その実例は、シチリア島の**シラクサ**とセリヌスに建設された要塞に見られる。これらの設計では、受動的な防衛という長年の兵法が影をひそめ、能動的な防衛に置き換わりつつあったことを示している。能動的な防衛とは、包囲攻撃された守備隊が壁の防衛から離れてひんぱんに出撃し、敵の包囲攻撃の準備をかく乱して攻城を破壊するというものだ。

　シラクサは紀元前734年に建設された町で、コリントの植民地。紀元前415年にアテネ人に包囲攻撃され、攻撃側のミスによって辛くも救われたが、町は悲惨な打撃を受けた。この失敗を受けて、ディオニュシオス1世(治政：紀元前405〜367年)が全長20kmにおよぶ城壁を建設し、その後起きたカルタゴの包囲攻撃を首尾よく防ぐことができた。

受動的防衛とは？

敵の攻撃

どれだけ攻撃を受けても城壁から離れない！

城内

城壁を防衛ラインに戦いを展開

| 典型例 | プリエネ | 現在のトルコにあった城塞都市プリエネ。防衛側はめったに壁を離れなかった |

(!) 紀元前4世紀に防衛概念が変化

そして能動的防衛の時代へ

準備をしている敵を攻撃してかく乱する

防衛側の攻撃

城内
必要なぶんだけ守備隊を残す

| 典型例 | シラクサ セリヌス | 城を離れて積極的に敵陣を襲撃。紀元前4世紀以降、野戦は戦略として確立していく |

関連項目

●古代の城塞都市3 〜防御の革命〜→No.013　　●矢狭間から攻撃する→No.067

No.081
蜂の巣状になっている回廊と歩廊

ディオニュシオスの防衛施設やセリヌスの要塞では、回廊や歩廊(ほろう)を蜂の巣状に配置して、守備隊がすばやく移動できるようにした。

●要塞の各所にすばやく兵力を送る

　能動的防衛への変化は、城塞の構造をも劇的に変えた。ディオニュシオスの防御施設で鍵を握ったエウルリュエロス城にその跡が見られる。

　幅約60mの岩棚に位置するこの要塞は、エピポラエ高原への主要な出入り通路の側方を守るものだった。5本の塔は3本の堀で防護され、大小の突出壁などによって守られていた。

　最も特徴的といえるのが、地下回廊と歩廊が蜂の巣状に組み合わされた複合体制だ。守備隊はこの地下回廊を通って、出入り通路を侵入してくる敵の背後から攻撃を仕掛けられる。要塞内における攻撃力と機動性を同時に高めたのだ。

　セリヌスでも同じ変化が見られた。セリヌスは紀元前7世紀のギリシャの植民地。紀元前409年にカルタゴ軍の包囲攻撃でいったん破壊され、紀元前397年に独立を取り戻して再建された要塞である。セリヌス北門にある東西の塔をつなぐ歩廊には、堀に向かって直接開いた小門や裏門が多く設けられており、やはり要塞各所に通じている。この歩廊を用いて守備隊は防衛施設の内外を移動、あるいは壁の**狭間**(さま)から援護射撃をし、また敵の攻囲兵器を破壊するため出撃した。こうした要塞の構造は、防衛の概念の重点が融通性と機動性に重点が移ってきたことを表している。

　また、セリヌスでは古い施設も活用された。古い門を残して予備の駐屯地として利用し、外に出撃した急襲部隊にすばやく援兵を送ったのである。こうして機動性と攻撃性を強調した極めて融通性の高い防衛体制が敷かれるようになり、古代の城塞都市としての最高水準を満たすものを造りあげていたのだ。

蜂の巣状の回廊で機動性を確保

●地下回廊を通って敵の背後を襲う

●蜂の巣状に伸びた回廊・歩廊で自在に兵力を移動

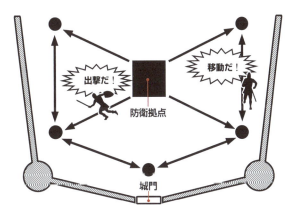

戦況次第で敵の妨害を気にすることなく、どこへでも部隊を送ることができる

セリヌスでは古い門を予備の駐屯地として利用し、外に出撃した急襲部隊にすばやく援兵を送った

関連項目
●矢狭間から攻撃する→No.067

卑怯者の武器とされた弓

　日本の戦国時代における合戦においては、刀で斬り合う白兵戦はまれで、ほとんどは弓を撃ち合うのが常であったという説は多く出されている。鉄砲が伝来してからはその立場を取って代わられたものの、合戦において弓による遠距離攻撃が非常に有効であったということには変わりがない。

　ひるがえって城塞都市が隆盛を誇った中世期ヨーロッパではどうだったのかといえば、日本と同じく弓はとても役に立つ武器であった。弓はそもそも狩猟のときのみに使われていたものであったが、これをフランク人が戦場に持ち込んだ。フランク人とはゲルマン民族の一派で、ライン川沿いを拠点としていた部族。768年～814年に在位していたフランク族の王カール大帝は弓を重用。兵たちに槍とともに装備することを命じていた。

　この弓の扱いに特に長けていたのが、同じくゲルマン系のノルマン族だ。885年、ノルマン族はパリ城を攻めた。結果こそ敗北ではあったものの、空を覆いつくすほどの矢の雨を降らせて、敵兵たちを苦しめたと伝えられている。

　弓とならび、いし弓も有用な遠距離攻撃手段とされていたが、このふたつの武器が戦場の花形であったかというと、そうではなかった。なぜなら弓もいし弓も、卑怯者の武器として一部から忌み嫌われていたからである。

　その一部とは騎士たちのことだ。馬を駆って敵陣に突撃し、携えた長槍で敵を突き倒す。そんな勇猛果敢な戦いこそをよしとする騎士たちの目には、槍の届かない位置から攻撃を繰り出す弓は誇り高い武器には映らなかった。しょせんは意気地のない歩兵の武器であると、唾棄していたのだ。

　とはいえ、騎士たちは弓の有効性は認めていた。いや、恐れていたと言ってもいいだろう。どれだけ馬が速かろうが、射られた矢を交わすことは決して容易ではない。猪突猛進する騎士は弓兵にとっては絶好のカモでしかなく、戦場においては翻弄されるばかりである。自慢の槍が届かなければ、高貴な身分の騎士とてただの的でしかないのだ。

　もうひとつ、騎士たちが弓を恐れる理由があった。その卑怯な武器を装備した庶民たちが仮に反乱を起こしたら、鎮圧するのが非常に困難であるということだ。身分の高い者の多くは、武力の高さゆえに平民を支配してこられたという歴史がある。もしも武力で遅れを取るならば、数で圧倒的に勝る平民層に権力や財産を奪われることにもなりかねない。

　そこでときの権力者たちは弓の使用を禁ずるように命じるようになった。これに意見を同じくする物書きたちは著作の中で弓は卑怯者の武器であると書き、また、弓は神に背く武器であるとしてマイナスイメージをつけようと躍起になった。しかし、弓の普及は結局止まらず、長らくの間有効な攻撃手段として戦場に用いられ続けたのであった。

第4章
世界の有名な城塞都市

No.082
カルカソンヌ（フランス）

「フランスで一番美しい中世の城壁」と賞賛されるカルカソンヌ。二重環状城壁に囲まれた城塞都市はかつての姿を今に残している。

●現存するヨーロッパ最大の城塞都市

　フランス南部のオード県にあるカルカソンヌ。天然の高台の上に建つ城塞から町が見下ろせる風光明媚な観光都市だ。現存している中世の城塞都市の中ではヨーロッパ最大級であり、「歴史的城塞都市カルカソンヌ」として世界遺産に登録されている。

　カルカソンヌで城塞都市が生まれたのは、ガロ・ロマン時代（紀元前3世紀末〜紀元後5世紀）のこと。地中海と大西洋を結ぶ交通の要衝にあったため古代より栄え、そのころに最初の城壁が造られた。12世紀には伯爵家の城が建てられ、城の周りには城壁と堀が整備された。

　壁に囲まれた城塞都市は「シテ」と呼ばれるようになるが、13世紀初頭には破壊されてしまう。しかし、フランス国王ルイ9世とその息子のフィリップ3世によって復旧、強化され、現在とほぼ同じ形になった。

　カルカソンヌを上空から眺めると、住居や教会が建つ地区に比べて、軍事施設の割合がはるかに大きいことがわかる。城壁や塔の上の部分は張り出し構造になっていて、木製の跳ね出し**狭間**や、後年には**石落とし**が組み込まれていた。城壁の下から攻めてくる敵に対し、ここから頭上に向かって攻撃できるようになっている。また、城塞の外側に面した窓には細長い**銃眼**を備え、内部にいる味方を敵の弾丸から守った。

　こうして栄えてきたカルカソンヌだが、17世紀には国境問題が解決して、次第に衰退してしまう。しかし、19世紀にフランスの歴史家であるプロスペル・メリメによって歴史的意義が認められ、建築家ヴィオレ・ル・デュクの手で復元された。シテは城を囲む城壁と、さらに町をとりまく二重の壁に囲まれ、その高さはマンション5階分の最大15mにもおよぶ。また城壁の全長は約3kmあり、53の塔がある。

二重環状城壁に囲まれたカルカソンヌ

フランスの
有名なことわざ

「カルカソンヌを見ずして死ぬな」

一歩踏み入れれば中世の時代にタイムトリップできる美しきカルカソンヌ。外国人観光客だけでなくフランス人にも大人気だ。

DATA
- 国：フランス共和国
- 場所：ラングドック＝ルシヨン地域圏オード県
- 建造年：紀元前6世紀ごろ
- 種類：城壁
- 特徴：二重環状城壁

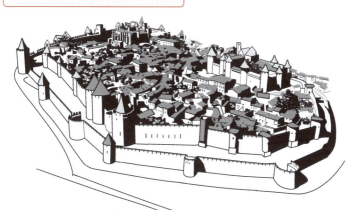

カルカソンヌの歴史

紀元前121〜5世紀ごろ	最初の城壁が造られる
5世紀	西ゴート族に占拠される
8世紀	イスラム勢力に占拠される
12世紀	伯爵家の城、城壁と堀が完成
13世紀初頭	城塞が破壊される
13世紀	ルイ9世とフィリップ3世が復旧
17世紀	国境問題が解決し衰退
19世紀	メリメとデュクにより復元
現在	世界遺産として観光都市に

関連項目
- 矢狭間から攻撃する→No.067
- 石落とし（バービカン）・殺人孔→No.075
- 射眼・銃眼→No.077

No.083
ドゥブロブニク（クロアチア）

アドリア海に面し、古くから商船隊により繁栄したドゥブロブニク。美しく白い城壁はまさに青い海に浮かんだ真珠のようだ。

●ベニスと東洋をつなぐ海の要塞

　ドゥブロブニクは、クロアチアのダルマティア沿岸の島々やいくつもの湾に取り囲まれた中世の都市。「アドリア海の真珠」と呼ばれ、現在までその美しい姿を保っている要塞都市だ。海洋の重要な拠点として繁栄したが、反面、度重なる侵略にも見舞われてきた。

　7世紀に孤島に建てられたドゥブロブニクは、9世紀ごろビザンチン帝国の保護下におかれた後、急速に発展。1204年～1358年にはヴェネチア共和国の属領として、商業活動の中心地になった。内海であるアドリア海の監視役を果たし、ドゥブロブニクからクレタ島、アレクサンドリア、アッコ、コンスタンティノポリス、黒海などを目指して商船隊が繰り出した。また遠くはアラブ首長国連邦の彼方まで足を伸ばし、香辛料、甘藷（砂糖）、絹、奴隷、毛皮の取引で多大な利益を手にした。

　その後、ラグーザ共和国として独立するが、トルコ軍が侵略を試みる。なんとかこれは跳ね返したが、やがてハンガリア帝国に統合され、ドゥブロブニクはハンガリア帝国における地中海へと通じる唯一の港となった。さらに1815年には、条約によってオーストリア帝国の一部になった。

　12～13世紀に建造された城壁と、**外界から守られた港**は、17世紀に建て直された。壁の高さは12mにも及ぶ。厳格な都市計画に沿って建てられた町である一方、さまざまな文化の影響を受け、裕福な都市として発展したため、芸術の都でもある。ロマネスク風、ゴシック風、ルネサンス風建造物が部分的に碁盤の目に建ち並び、合理的な町並みを飾っている。

　1991年からのユーゴスラビア内戦では紛争地となり、一時はユネスコの危機遺産リストにも載せられたが、後に市民の手でほとんどが復元され、現在は元の美しい姿を取り戻している。

真珠と呼ばれる美しき城塞都市

ジグザグに設計された港の入口を陵堡から見張る。海に面した城壁と内陸に面した城壁で外界から守られている。

DATA
- 国　　：クロアチア共和国
- 場　所：ドゥブロブニク=ネトレヴァ郡
- 建造年：12世紀ごろ
- 種　類：城壁
- 特　徴：海に面した城壁

●中世は海洋貿易の拠点に

| 遠くはアラビア方面まで商船隊が繰り出す | | 香辛料、甘藷、絹などを売買して大儲け! |

ドゥブロブニクの歴史

7世紀	アドリア海の孤島に建てられる
9世紀	ビザンチン帝国保護下に
1204～1358年	ヴェネチア共和国の属領として商業活動の中心に
1358年	ラグーザ共和国として独立
1815年	オーストリア帝国の一部に

関連項目

●城塞都市は港も守る→No.097

第4章●世界の有名な城塞都市　No.083

No.084
ネルトリンゲン（ドイツ）

帝国自由都市として栄えたネルトリンゲンは、時代の流れに残されて沈滞してしまったがゆえに、中世の景観を残すことができた。

●現代に中世の雰囲気を伝える城塞都市

　ドイツ南部バイエルン州、ロマンチック街道沿いにあるネルトリンゲンは、中世の雰囲気を今に残す町。1500万年前にシュヴェービシェ・アルプに落下した隕石のクレーターであるネルトリンガー・リースに位置する。環状の連なった丘に囲まれ、地域を流れるヴェルニッツ川とエーガー川は南東30km先でドナウ川へと注ぐ。

　ネルトリンゲンに最初の壁が築かれたのは、1215年のことだ。この年、皇帝フリードリヒ2世から都市権を与えられ、ネルトリンゲンは**帝国自由都市**となった。重要な交易路が交差する町は、穀物、家畜、織物、毛皮、金属製品といった商品の主要な集散地に発展していった。こうしてネルトリンゲンはフランクフルトと並ぶ、ドイツで最も重要な遠距離交易都市のひとつとなったのだ。

　1238年の火災で都市のほとんどが消失した後、1327年に現在も残る市壁が建設された。市壁内の面積は4倍に増え、革なめし工や織工などの手工業者が多く住み着くようになった。だが、1634年に起きたネルトリンゲンの戦いの後、交易の中心が港湾都市に移ったために機能を喪失。都市は沈滞していったが、おかげで中世の町並みがそのまま残った。

　現在もほぼ完全な状態で残っている壁は高さ10m。壁の内側は通路になっていて、全長3kmほどの回廊を歩いて回ることができる。市壁は5つの楼門と11の塔、ふたつの堡塁を有する。北に位置するレプジンガー門は現在博物館として使われている。

　また、町の中心に建てられた聖ゲオルク教会の塔は、町の人々に「ダニエル」と親しみを込めて呼ばれ、ネルトリンゲンの象徴として愛されている。『進撃の巨人』のモデルともいわれ、注目を浴びる城塞都市だ。

帝国自由都市として栄えたネルトリンゲン

聖ゲオルク教会はネルトリンゲンを象徴する建造物。高さ90mの塔は親しみを込めて「ダニエル」と呼ばれている。

DATA
- 国　　：ドイツ連邦共和国
- 場　所：バイエルン州
- 建造年：1327年
- 種　類：城壁
- 特　徴：円形に囲まれた城壁

ネルトリンゲンの歴史

1215年	皇帝フリードリヒ2世から都市権を与えられて帝国自由都市に
同年	城壁が築かれ、フランクフルトと並ぶ交易都市となる
1238年	火災で都市のほとんどが消失
1327年	市壁が新たに建造される このころから手工業者が多く住み着くようになる
1634年	ネルトリンゲンの戦い これ以降、交易の中心が港湾都市に移り、都市は沈滞
現在	10mの城壁が、ほぼ完全な状態で現存

関連項目

●城塞都市の税金と、難民の受け入れ→No.050

No.085
アビラ（スペイン）

イスラム教徒による侵略の脅威に対抗し、11世紀に城塞都市を建設したアビラ。堅固な城壁と芸術的な建築物がひとつに融け合っている。

●侵略から守るため高さ12mの壁を築く

　スペインの首都、マドリードから西北西へ約100km行ったところに位置するアビラ。714年にイスラム教徒の占領下におかれるが、1085年にカスティーリャ＝レオン王アルフォンソ6世の手により奪還した。奪還後、まもなくしてアルフォンソ6世の娘婿ラモン・デ・ボルゴーニャの命令によって、市街地を取り囲む城壁が建設された。

　アビラは「アビラ旧市街と市壁外の教会群」として、1985年に世界遺産登録されている。要塞都市としての主要な役割は、軍隊が安全に集結できる防衛可能な基地を提供することだ。城壁の全長は約2.5km、高さは平均で12m、厚さ約3mほどで、ローマ帝国時代に建造された石塀の跡に沿って建てられている。

　また、アビラの市壁は茶色い花崗岩と、ローマ帝国、西ゴート王国時代の城壁で造られており、上に胸壁が並んでいる。88の塔と9つの門があり、町の多くは市壁の外まで広がる。当時のものがほぼ残されており、これほど古い時代のものでここまで保存状態のよいものは珍しい。また、円筒形の塔は、この形状のものとしては貴重な初期の例である。

　市街地にはイスラム教徒による城（アルカサル）とその名を冠した城門があり、軍の宿営地や孤児院、病院、軍学校、師範学校などとして使われていた。城壁の外に建てられた多くの修道院や教会は、観光名所となっている。

　要塞のような外見を持ったカテドラルは、胸壁とふたつの頑丈な塔を備え、ロマネスク様式とゴシック様式両方の特徴が現れている。中には多くの彫刻や絵画が収められており、特に彫刻家バスコ・デ・ラ・ロサの手による墓碑と聖櫃は芸術性を高く評価されている。現在のアビラは歴史遺産と発展する町が融合する魅力的な都市になっている。

重厚かつ美しい城門

サンタ・テレサ広場に行くと見られるアルカサル門。保存状態はよく、円筒形の塔に挟まれた重厚な姿がかつての栄華を忍ばせる

> **DATA**
> 国　　：スペイン
> 場　所：カスティーリャ・イ・レオン州アビラ県
> 建造年：11世紀
> 種　類：城壁
> 特　徴：全長2.5km、厚さ3mにおよぶ城壁

アビラの歴史

714年	イスラム教徒に占領される
1085年	アルフォンソ6世により奪還
16世紀	聖テレサらの修道院改革の中心地となり、「聖者たちのアビラ」の別称で呼ばれる
17世紀初め	改宗したイスラム教徒を追放。衰退の時代へ
19世紀中ごろ	復興運動が始まり、再び活気を取り戻す

関連項目

●胸壁・マチコレーション→No.072

No.086
ヴィスビー（スウェーデン）

北欧バルト海に浮かぶヴィスビーは年間80万人が訪れる観光都市。中世の素朴な町並みが訪れる者の心を癒やし、郷愁を誘う。

●バルト海に浮かぶ北欧のリゾート

　スウェーデン南部に位置するバルト海に浮かぶ島々の中にあって、ゴットランド島は最大のものである。ゴットランドとは、「ゴート族（ドイツ平原の古民族）の地」という意味。自然豊かな美しい島として知られ、スウェーデン人の最も住みたい場所としてよく名前が挙がる。さらに国内外を問わず、人々の憧れのリゾート地としても知られ、年に80万人もの観光客が島を訪れる。

　ヴィスビーは中世におけるハンザ同盟の貿易の中心地として発展していった。ハンザ同盟とは、中世後期に北ドイツを中心にバルト海沿岸地域の貿易を独占し、ヨーロッパ北部の経済圏を支配した都市同盟である。

　旧市街を取り囲む壁は高さ11m、周囲約3.5kmにおよび、「ヴィスビーの輪壁」と呼ばれ、世界遺産にも登録されている。壁は13〜14世紀ごろ建てられた。町のシンボルともいわれる輪壁は、「最も美しい廃墟」とも賞され親しまれている。この城壁に囲まれた旧市街には、200あまりに及ぶ教会や遺跡、中世の建物などが多く残されている。赤褐色の瓦屋根をいただく白い壁の住居が建ち並び、素朴な味わいのある石畳が敷かれた小道にも風情が漂う。こうした町並みの向こうに海を望む景観は美しく、アニメ映画『魔女の宅急便』のモデルになった町ともいわれている。季節になると路地にはバラが咲き誇る。バラが飾られている家や建物が多いため、「バラの都」とも呼ばれているほどだ。

　また、近年ではゴットランド島はエコの町としても世界から注目されている。山がなく平地が多い地形からさえぎるものがないため、島では古くから風力が利用されていた。現在も、島内のいたるところで大きな白い風車が回る姿を見ることができる。

多くの観光客が訪れる人気の城塞都市

DATA
- 国　　：スウェーデン王国
- 場　所：ゴットランド県ゴットランド市
- 建造年：13世紀から14世紀ごろ
- 種　類：城壁
- 特　徴：輪壁と呼ばれる城壁

No.086
第4章●世界の有名な城塞都市

♥♥さまざまな顔で人々を魅了するヴィスビー

①『魔女の宅急便』の舞台モデル
ジブリ映画『魔女の宅急便』で主人公キキが移住するコリコの町は、ヴィスビーがモデルとされている

② 自然豊かな美しい島
豊かな緑と海を有するリゾート地。スウェーデン人からも住みたい場所としても人気

③ 風力利用が盛んなエコの町
常に風が吹くヴィスビーでは、風力発電が盛ん。白い風車が町のあちこちで見られる

④ 花が家々を彩る「バラの都」
バラの都と呼ばれるヴィスビー。町を歩くと多くの家が門前にバラの花を飾っている

⑤ ハンザ同盟の貿易中心地
中世後期、バルト海沿岸地域の貿易を独占したハンザ同盟の中心地だった

⑥ ヴィスビーの輪壁
13～14世紀ごろ建てられた。高さ11m、周囲約3.5km。「最も美しい廃墟」といわれる

No.087
マルディン(トルコ)

トルコとシリア国境にあるマルディンは、岩山から平原を望む戦略上の要衝地。数々の支配者に統治された歴史が色濃く残っている。

●北シリア平原を臨む戦略上の拠点

　マルディンはトルコ共和国の東南部、シリアとの国境付近に位置する。標高1325mの岩山にへばりつくようにしてある旧市街には、石灰岩でできた白っぽい家々が建ち並ぶ。北シリアの平原を見下ろす場所は戦略上の重要な拠点となり、そのために古くから数々の支配者によって統治された歴史を持つ。

　町の歴史は古く、紀元前4500年ごろのメソポタミア文明にまでさかのぼる。3世紀ごろにシリア正教会のキリスト教徒たちが住み始めて町はさらなる発展を遂げた。その名残ともいえるデイルゥル・ザファラン教会は、今も修道院として使われている。

　7〜12世紀にかけてはアラブ人が支配し、12〜14世紀にはセルジューク朝系のアルトゥク朝が首都とするが、それらの時代もマルディンの大部分はキリスト教徒地区だった。そのため町には多くの教会が残っているが、現在は少数派となっているようだ。

　アルトゥク朝時代の建物は現在も見ることができる。中でも最も古いモスクといわれているのが、12世紀ごろにクトゥベッディン・ウルガズによって建てられたもの。ウル・ジャーミィと呼ばれるモスクには、20もの円天井があることで知られている。

　1517年にオスマン帝国のセリム1世に征服されると、以降は第一次世界大戦の敗戦まで、その影響下におかれることになる。また、1832年にはクルド人による反乱の舞台となるなど、町には混乱が続いた。

　マルディンには、それぞれの時代に栄えた文化が息づく建築が残っている。5世紀に建立されたモル・ベフナム教会(別名「40人教会」)、アルトゥク朝に建てられたカースゥミィェ神学校など、さまざまな様式の建造物を見ることができる。

それぞれの時代に栄えた文化が残る

No.087
第4章●世界の有名な城塞都市

岩山にへばりつくようにしてある旧市街。石灰岩でできた家々は異国情緒あふれる。ホテルもあるので滞在することもできる

DATA
国	：トルコ共和国
場　所	：南東アナトリア地方マルディン県
建造年	：10世紀ごろ
種　類	：崖
特　徴	：異文化が混合した町

マルディンの歴史

3世紀ごろ	シリア正教会のキリスト教徒たちが町を開く
7～12世紀	アラブ人が支配する
12～14世紀	セルジューク朝系のアルトゥク朝が首都とする
12世紀	クトゥベッディン・ウルガズにより ウル・ジャーミィが建てられる
1517年	オスマン帝国のセリム1世に征服される
1832年	クルド人による反乱が起こる

No.088
ブラガンサ（ポルトガル）

ポルトガル北東部にブラガンサという城壁に囲まれた古都がある。山々を見晴らす風光明媚な最北の町には今も中世が息づいている。

●ポルトガル最北の町に残る中世の古城

　ブラガンサは、ポルトガル北東部にあるトラス・オス・モンテス地方に位置する古都。スペイン国境とも近く、標高が高いことから夏は短く、長く厳しい冬を過ごす。古代はケルト人の都市で、ケルト神話の女神にちなんだブリガンティアと呼ばれていた。後にラテン風に改められて、ブラガンサと呼ばれるようになった。

　城壁に囲まれた旧市街は中世のたたずまいを色濃く残している。城壁の保存状態はよく、川と市街を見晴らすことができる。

　城は12世紀のサンショ1世によって築かれたが、1442年にブラガンサ侯爵家の手に移り、現在の形に改修された。このブラガンサ侯爵家は後にポルトガル国王となった他、1822年から1889年までブラジル皇帝を排出した名家である。そして17世紀半ばから20世紀初頭まで居城が置かれ、国境を守る重要な役割を果たした。城の望楼（遠くを見るための櫓）は、ポルトガルで最も美しい建造物のひとつといわれている。現在、封建領主時代のブラガンサ城は城址となっている。

　旧市街には、12世紀に建てられたポルトガル最古で最大の市庁舎ドムス・ムニシパリスや、ルネサンス期の聖堂など、中世の面影を残す歴史的建造物が残されている。

　現在、市街の中心部からは古城が望め、南側の丘の上には観光客に人気の歴史的建造物を改装した宿泊施設ポザーダ（サン・バルトロメウ）があり、そこからブラガンサが一望の下に眺められる。周囲には西方にノゲイラ山地、北方にはモンテシーニョ山地を見渡すことができる。特にモンテシーニョ山地は豊かな生態系が保たれているため、自然公園に指定されている。

眺めもすばらしいブラガンサ城址

ポルトガル北東部にあるブラガンサはスペイン国境とも近い。サボル川支流、クレブラ山地の南に位置し、標高が高く冬は寒い

旧市街には見どころもいっぱい

ポルトガル最古で最大の市庁舎ドムス・ムニシパリスを始め、ルネサンス期の聖堂などの中世に造られた歴史的建造物が見られる。

サンショ1世

DATA

国	： ポルトガル共和国
場 所	： トラス・オス・モンテス地方 ブラガンサ県
建造年	： 12世紀
種 類	： 城壁
特 徴	： 保存状態のよい城壁と望楼

ブラガンサの歴史

古代	ケルト人の都市でブリガンティアと呼ばれる
12世紀	サンショ1世によって城が築かれる
12世紀	ドムス・ムニシパリスが建てられる
1442年	ブラガンサ侯爵家の手に移る
17世紀半ば～20世紀初頭	ブラガンサ家の居城が置かれる

関連項目

●櫓から岩石や熱湯などで攻撃→No.074

No.089
エルサレム(イスラエル)

聖地エルサレムの城壁は破壊と再建の歴史を物語っている。防御陣地に適した地勢と相次ぐ戦火が城壁に特徴的な形状を与えた。

●争いと破壊の歴史に彩られた聖地

　エルサレムは世界最古の都市といわれ、また歴史を通じて最も戦いが繰り広げられた場所である。岩の塊が露出した地勢は防御陣地に適していた。城壁に関して知られている限りで最も古い考古学上の遺構は、紀元前1700年ごろにさかのぼる。

　旧約聖書によると、紀元前1000年ごろにダビデ王がエルサレムを首都と定め、この都市に築城したという(「サムエル記・下」5章9節)。紀元前587年、エルサレムはバビロニア軍によって破壊され、紀元前5世紀にネヘミヤによって復興された。そして紀元前2世紀、セレウコス朝によって再び破壊されたが、紀元2世紀にローマ皇帝ハドリアヌスによって大規模な再建が行われた。

　エルサレムはユダヤ教徒、キリスト教徒、イスラム教徒にとって宗教的に重要な意味を持つ。そのため、この都市はいつの時代も争いの中心となってきた。中でも十字軍の時代は激しい戦火にさらされた。1219年から1244年にかけて城壁は3度完全に破壊され、再建された。16世紀に建造され現在にいたる城壁にも、近年の衝突の跡が見られる。シオン門とヤッファ門の周辺には、1948年の独立戦争のときの弾痕が確認できる。

　現在のエルサレム市街を囲む城壁は、1517年に支配したオスマン朝トルコによって建造されたものだ。1538年、スレイマン大帝の命により、総延長約5km、高さ5～15m、厚さ約3mの城壁が築かれた。オスマン朝時代の城壁はビザンツ帝国時代の城壁を基礎としており、全部で7棟の城門がある。北の正門であるダマスコス門が最も見ごたえがある。スレイマン門の両側には2棟の城塔が突き出ていて、頂部に**マシクーリ**と特徴的な階段状メルロンが設けられている。メルロンとは、鋸壁(のこかべ)(ノコギリのように凹凸(おうとつ)のある壁)の**銃眼**と銃眼の間にある凸部(とつぶ)のことである。

建設と破壊をくり返した城壁

現在の市壁

1517年にオスマン朝トルコによって建造されたもの。1538年にスレイマン大帝の命により、総延長約5km、高さ5～15m、厚さ約3mの城壁が築かれる。ビザンツ帝国時代の城壁を基礎として、全部で7棟の城門がある。

イスラエル東部に位置する。聖地でありながら、歴史を通じて戦いが繰り広げられてきた

DATA
- 国：イスラエル国
- 場所：エルサレム地区
- 建造年：紀元前1700年～
- 種類：城壁
- 特徴：城壁に残る戦いの跡

関連項目

●石落とし(バービカン)・殺人孔→No.075　　●射眼・銃眼→No.077

アジアの城塞都市

　フランス人史家ジャック・ル・ゴフが、「（城壁は）中世の都市の重要な物理的かつ象徴的要素であった」としているように、城塞都市はその多くが中世ヨーロッパ時代に隆盛を極めたものであった。

　では、その他の地域に城塞都市がなかったかといえば、答えはノーだ。われわれの住む日本こそ城塞都市は決してメジャーな存在ではなかったが、アジアの他国では珍しい都市構築スタイルではなかった。

　その代表的な例が、中国の西安だ。現在の首都・北京の南、中国大陸のやや西方に位置する西安には、西の首都という意味がある。かつては長安と呼ばれていた古都であり、漢や唐の時代には首都として繁栄していた。三国志といえば中国の壮大な歴史物語だが、長安が首都機能を取り戻したのはこの時代である。

　西暦191年、ときの実力者・董卓は権力を欲しいがままにしていた。董卓は敵軍の攻撃を受けると、当時の首都であった洛陽に火を放って焼き払い、長安に遷都したのである。これより1000年以上も前、文王の時代には都として栄華を誇った長安が、再び中心都市となったのだ。

　この長安の町は今も城壁で囲まれており、保存状態はすこぶる良好だ。城壁が建造されたのは、明の時代（1368～1644年）の洪武年間（1368～1398年）。唐の時代（618～907年）に建造された長安城を基礎に造られたものである。城壁は周囲約14km、高さ12m、底部の幅は15mもある立派さだ。加えて城壁の周りは水掘になっており、大都市らしい万全の防衛力を誇っていた。1900年に起こった義和団事件の際に、西太后が連合軍の迫る北京から逃亡する先を長安に選んだのも、この頼もしい城壁があったからだとも言われている。

　日本から約7000km。スリランカの南端、突き出た半島に位置するゴールは海に面した城塞都市だ。ゴールの城塞都市は紺碧のインド洋に浮かぶような抜群のロケーション。「ゴールの旧市街とその要塞」として世界遺産に登録されている。

　ゴールが都市としての発展を遂げるようになったのは14世紀。主にアラビア人の海洋貿易の拠点として栄えた。大航海時代に突入すると、ゴールの重要性はさらに高まることになる。当時、大変に貴重だったシナモンを求めてポルトガルの商人が多く訪れるようになり、ゴールの都市はますます発展。そしてポルトガル人たちの手によって、要塞が築かれた。

　時代が下り、支配勢力がポルトガルからオランダへと移ると、オランダ人たちはポルトガル人が建造した要塞を拡張。現在のゴール旧市街の原型となった。18世紀に入るとゴールはイギリスの植民地となり、インド洋支配の拠点として重要な役割を果たすのであった。

　アジアでいえば、インドにも多くの城塞都市がある。ジャイサルメール、ゴールコンダなどがその代表的な例である。

第5章
歴史的な城塞都市の激闘

No.090
マルタ包囲戦

16世紀にロードス島を失った聖ヨハネ騎士団はマルタを本拠とし要塞化したが、オスマン帝国が包囲戦をしかけ激しい戦いとなった。

●歴史上最も情け容赦のない戦い

　マルタ包囲戦とは、1565年にオスマン帝国がマルタ騎士団の統治する地中海のマルタ島へ行った包囲戦だ。最終的にはマルタ騎士団が包囲軍を撃退するが、何カ月にも渡った戦いは歴史上最も情け容赦ない、血塗られた戦いのひとつといわれる。

　戦いの背景には16世紀における地中海での権力争いがあった。1522年に聖ヨハネ騎士団は、ロードス島でオスマン帝国との激しい包囲戦に敗れて撤退を強いられた。その後、ローマや神聖ローマ帝国との長い交渉を経て、騎士団はマルタ島へ移ることになったのだ。

　こうして騎士団は新たな根拠地を与えられたが、幹部の多くはロードス島を取り戻すことを夢見ていた。さらに騎士団はマルタを次第に要塞化し、異教徒と思われる商船を襲撃するようになった。これにオスマン帝国は業を煮やし、騎士団を排除してしまおうと掃討する準備を始めた。マルタの戦略的な立地から対イタリア及び南ヨーロッパへの牽制もあった。

　そして1565年3月下旬、オスマン帝国の艦隊がイスタンブルを出撃。ついに戦端が開かれた。マルタ島に上陸したオスマン軍の兵力は、陸海軍合わせて4万8000人とも伝えられる大軍勢。マルタ騎士団は奴隷や逃亡の恐れがある者を容赦なく投獄し、戦闘に役立たない者は城外へ退去させた。戦闘に耐えうる者には家財や家畜を連れてイムディーナなど内陸にある城砦に避難させた。収穫しきれなかった畑の作物は破棄し、貴重な水源を敵に利用されないよう薬草を投じて味を変えたという。

　砲撃や坑道戦は激しく、建造物は破壊された。それでもマルタ騎士団は必死に抗戦。ついにシチリアから援軍が到着して形勢は逆転し、オスマン帝国軍は退却をよぎなくされたのであった。

耐え抜いた防御側騎士団の勝利

●マルタ包囲戦の概要

時	1565年5月18日－1565年9月11日
場所	マルタ島
結果	マルタ騎士団の勝利

衝突した勢力	
攻 オスマン帝国	守 マルタ騎士団
指揮官	
ララ・ムスタファ・パシャ など	ジャン・ド・ラ・ヴァレット
戦　力	
4万8000人	7000人～1万人 （うち騎士は700人）
死者	
1万～3万人	2500人。他、民兵と奴隷合わせて8000人が殺された

●マルタ包囲戦の意義

16世紀におけるオスマン帝国最初の敗北

スペイン王国が台頭。オスマンから地中海の覇権を奪う

No.091
ウィーン攻囲戦

首都ウィーンへ進撃したオスマン軍に対し、オーストリアは中央ヨーロッパ連合軍の支援を受けて勝利し、時代の変わり目となった。

●オスマン帝国没落を決定づけた戦い

　ウィーン包囲は1529年と1683年の2回にわたって行われた。特に第2次ウィーン包囲は、オスマン帝国にとって最後の大規模なヨーロッパ進撃作戦となった。オスマン軍はオーストリアの首都にして神聖ローマ皇帝の居城でもあるウィーンを大軍で攻め込んだが、拙速な作戦により包囲戦を長期化させ、反オスマン帝国を掲げて結集した中央ヨーロッパ諸国連合軍に打ち負かされてしまった。

　戦の始まりは、ハプスブルク家領の北西ハンガリーでハンガリー人による反乱が起こったことからだった。反乱者たちに支援を要請されたオスマン帝国はこれをオーストリア占領の好機ととらえ、15万の大軍を率いてハンガリーからオーストリアに侵攻。ウィーンに迫った。対する神聖ローマ皇帝レオポルト1世はウィーンから辛くも脱出。パッサウに逃れ、キリスト教徒の諸侯にイスラム教徒からヨーロッパを防衛するよう支援を要請した。これに応えたのが、ポーランド国王ヤン3世。ドイツ諸領邦からなる連合軍を率いて救援に向かうと、ロレーヌ公シャルル5世を始め、他国の諸侯らも救援軍に合流した。

　9月12日には、ポーランド・オーストリア・ドイツ諸侯の連合軍がウィーンに到着。連合軍7万に対し、オスマン軍15万。だが、ヤン3世はオスマン軍の士気が低下し、装備も旧式で不十分であるのを察知。そこで予定より早く攻撃を開始し、有翼重装騎兵3000騎によってオスマン軍の中央を突破して分断した。そのままムスタファの大本営まで突撃し、大混乱に陥った。包囲陣をズタズタにされたオスマン軍は散り散りになって潰走。惨憺たる敗北となった。勝利したヤン3世はカエサルにならい、「来た、見た、神は勝利した」と語ったという。

2度にわたる熾烈な戦い

| 中世最強の帝国 **オスマン帝国** | VS | 多勢力が手を結んだ **中央ヨーロッパ連合軍** |

●事の始まりは……

ハプスブルグ家:「ハンガリー人が反乱を起こした！オスマン帝国の皆さん、助けて！」

オスマン帝国軍:「ちょうどいい。これを機にオーストリアを奪ってやろう」

オスマン帝国 兵力15万人 → ウィーンへ侵攻

レオポルト1世:「誰か救援に来てください！」

オスマン帝国を攻撃

ポーランド国王 ヤン3世が応える
イスラム教徒からキリスト教徒を守るため諸侯を集め、連合軍を結成

結果は 中央ヨーロッパ 連合軍の勝利！

●攻囲戦の結果がもたらした影響

①オスマン帝国の没落が決定的に
②これを機に神聖同盟が結成された

No.091 第5章●歴史的な城塞都市の攻防

No.092
百年戦争

かつてのフランスとイギリスは争いが絶えなかった。王位継承に端を発した散発的な戦いは100年もの間、続くことになった。

●王位継承をめぐる終わりなき戦い

百年戦争は、フランス王国の王位継承をめぐるヴァロワ朝フランス王国と、プランジネット朝イングランド王国との戦いである。1337年11月1日のエドワード3世によるフランスへの挑戦状送付から、1453年10月19日のボルドー陥落までの116年間にわたる対立状態を指している。

1346年7月、イングランド王軍はノルマンディーに上陸する。このためフィリップ6世はクレシー近郊へと軍を進め、8月26日にクレシーの戦いが勃発した。

フランス王軍は数の上では優勢だったが、指揮系統が統一されておらず、また戦術的な規律にも欠けていた。結果はフランス王軍の大敗北。勢いに乗ったイングランド王軍は港町カレーを陥落させ、その翌年に一時的な休戦協定が結ばれることとなった。ところが、その年に**黒死病（ペスト）**が大流行したため、休戦協定ではなく恒久的な和平条約の締結が模索された。

それから10年後の1356年。フィリップ6世の跡を継いだジャン2世はポアティエの戦いで敗れ、イングランド王軍の捕虜となった。4年後に多額の賠償金とフランス南西部の割譲により解放されたが、エドワード3世が亡くなるとフランス軍の反撃が始まる。シャルル5世と名将デュ・ゲグランは奪われた土地を次々と回復していった。

1420年にはイングランドを有利にするトロワ条約が調印。しかし、シャルル6世の息子シャルル7世は助役を無視してフランス王を名乗った。これに対しイングランド王軍も攻勢に出る。オルレアンを包囲し、籠城攻めにしたのだ。そこへ現れたのが、かの有名なジャンヌ・ダルクだった。

ジャンヌはフランス軍の救世主となり、オルレアンを奪還。市民は歓喜に包まれた。しかしパリで敗北し、とらえられて火刑に処される。そして1453年7月17日、フランス軍がカスティヨンの戦いに大勝し、ボルドーは陥落。百年戦争は終息した。

オルレアン包囲とジャンヌ・ダルクの登場

●フランスとイギリス王室

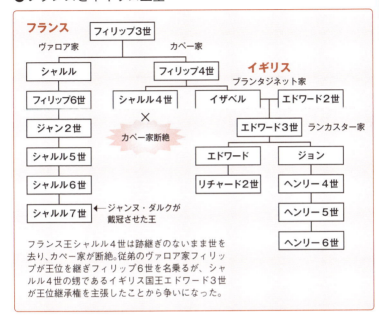

フランス王シャルル4世は跡継ぎのないまま世を去り、カペー家が断絶。従弟のヴァロア家フィリップが王位を継ぎフィリップ6世を名乗るが、シャルル4世の甥であるイギリス国王エドワード3世が王位継承権を主張したことから争いになった。

●オルレアン包囲

右図はトロワ条約（1420年）当時のフランス。シャルル6世の息子シャルル7世は、トロワ条約を無視してフランス王を名乗り、南部の町を転々としていた。

- イングランドの支配地域
- ブルゴーニュ公の支配地域
- シャルル7世の支配地域

関連項目

●黒死病（腺ペスト）の蔓延→No.039

No.093 イタリア戦争

ルネサンス期に起こったイタリア戦争では、火砲の技術革新が進み、騎士から傭兵主体という戦争形態の革命をもたらした。

●火砲と傭兵主体となった軍事革命

　16世紀にハプスブルク家（神聖ローマ帝国・スペイン）とヴァロワ家（フランス）が、イタリアをめぐって繰り広げた戦い。それがイタリア戦争である。1494年のフランス王シャルル8世のイタリア侵入から、1559年の講和条約であるカトー＝カンブレジ条約締結までの半世紀以上にわたる対立を指し、その間に断続的な戦闘が繰り返された。

　当時フランスはヴァロワ朝のもとで国家統一を果たし、王権をさらに強化しようとしていた。一方、ハプスブルク家は神聖ローマ帝国皇帝として婚姻政策を展開。ネーデルラントなどフランス周辺に領土を獲得し、スペインと合わせてフランスを挟みこむ形となっていた。このハプスブルク帝国の形成はフランスにとって大きな脅威であった。背後にはイタリア中部に存在するローマ教皇の権力強化も問題を複雑にしていた。

　そしてついにフランス軍がイタリアへ侵攻する。権力争いは度重なる戦乱を誘発したが、戦争の長期化はハプスブルク家とヴァロア家双方の財政を困窮させていった。やがて戦争の継続が困難になり、1559年にカトー＝カンブレジ条約で和議が成立。イタリア戦争は終結した。

　この一連の戦いはルネサンスの時期と重なり、さまざまな技術革新による戦争形態の変化を進めた。それまでの中世的な騎士を主体とした戦闘ではなく、火砲（鉄砲）を持った歩兵の集団戦へと変化したのだ。これにより戦闘規模は拡大。火砲の優劣が勝敗を分ける重要な要素となった。

　さらに騎士階級を没落させ、**傭兵**への依存度が増したことによって、市民革命後の国民国家における徴兵制の近代的な戦争形態へもつながっていく。また、常備軍の財源を国民からの租税から徴収するための官僚機構が作られ、主権国家の始まりともなった。

戦争形態もルネサンスの時代

●イタリア戦争（1494－1559年）
衝突した勢力

> ミラノ公国／ヴェネツィア共和国
> フィレンツェ共和国／教皇領
> フェラーラ侯国／ナポリ王国
> カスティーリャ・アラゴン／フランス王国
> 神聖ローマ帝国／イングランド王国
> スコットランド王国／オスマン帝国
> スイス都市同盟

第一次イタリア戦争からカンブレー同盟戦争、ウルビーノ戦争、コニャック同盟戦争をはさみ、第六次イタリア戦争まで戦いはおよそ半世紀続いた。

●イタリア戦争がもたらしたもの
戦争形態の変化

 騎士主体の戦闘から、火砲を持った歩兵の集団戦へ

 火砲（鉄砲）の優劣が勝敗を分ける重要な要素に

 騎士階級が没落し、傭兵への依存度が増す

 誇り高き騎士がお役ご免になるなんて……

租税徴収の官僚機構が作られ、主権国家の始まりに

関連項目
●戦時と非戦時の守備隊→No.065

No.094
ロードス包囲戦

1480年と1522年の2回にわたるロードス島の包囲戦は、中世築城というひとつの時代の終わりを象徴するような出来事だった。

●中世築城のめざましい勝利と敗北

　1480年のロードス包囲戦は、中世築城の歴史において重要な転換点である。

　1453年にビザンツ帝国を滅亡させ、バルカン半島へ進出したオスマン朝トルコは包囲戦に精通するようになっていた。だが、地中海にはまだ多くの島に拠点があり、それらは十字軍の支配下にあった。中でも聖ヨハネ騎士団はいくつかの島に城と監視塔を建設し、地中海東部のロードス島にある本拠地を防衛しようとしていた。

　ロードス島は要となる陣地を構成する港湾と都市に加え、騎士団が維持する城塞30棟を誇っていた。再建された市壁は2～4mの厚みがあり、コンスタンティヌポリスの城壁と同じような低い城壁も掘の内側の壁面に沿って増築された。市壁、城塔および築城を施した市門の頂部には**石落とし**と櫓が設けられていた。

　1480年春、オスマン帝国の皇帝であるスレイマン1世の大号令により、トルコ軍が攻撃を開始。防御側の軍は4000の兵力からなり、うち600が騎士団の騎士で、1500が傭兵、残りがミリシャだった。トルコ軍は各種大砲やトレビュシェを含むあらゆる兵器を用いて城壁を破壊せんとした。胸壁や城壁が打撃を受け、9棟の城塔が倒され、騎士団長の宮殿も破壊された。トルコ軍は城壁部分まで進出。さらに突破口を求めて堀を埋め始める。

　防御側のイタリア人もこれに対抗して坑道を掘り、石材を撤去していった。激しい戦闘は続き、7月末には双方に甚大な被害が出ていた。トルコ軍はこの包囲戦で約9000の兵を失い、残る7万の兵の半数が負傷した。8月になるとトルコ軍は撤退し、ロードスの中世築城が勝利を収めたのだ。だが、1522年に2回目の攻撃を受けたとき、ロードス島は陥落した。このとき城塞の時代は終焉を迎えたのである。

ロードス島の軍事力

鉄壁の防衛施設を誇る
ロードス島

① **内岸壁に増築された厚さ2〜4mの低い城壁**
城壁は当時もっとも強固であると称されていた

② **聖ヨハネ騎士団が維持する城塔30棟**
1309年にロードス島を奪った騎士団が防衛にあたる

③ **2カ所の人工港湾を守る防波堤の城塔**
重要施設である港は当然、万全の防御力を備える

④ **多角形平面の堡塁**
防衛面だけでなく、攻撃面でもおおいに活用できる

⑤ **市壁、城塔、市門の頂部に石落としと櫓**
接近してきた歩兵に対して大きなダメージを与える

⑥ **聖ニコラオス塔に2層にわたり設置された大砲**
多数の大砲を備え、絶大な火力で敵を迎え撃つ

⑦ **城壁の防衛を出身国別に持ち場を分ける**
こうすることによって、兵士同士の連携を深める

オスマン帝国め
来るなら来てみろ

**防衛に絶対の
自信を持っていた**

2回にわたるロードス島包囲戦

1480年 **第一次包囲戦**
トルコ軍は死者9000人
負傷者7万人

ロードス島側が
勝利!

→ 1522年 **第二次包囲戦**
20万人ともいわれる
大軍勢がロードス島に襲来

ロードス島側が
ついに敗北……

関連項目

●櫓から岩石や熱湯などで攻撃→No.074　　●石落とし（バービカン）・殺人孔→No.075

暗殺集団の住むおそろしき城塞

　イランの北西部。エルブルズ山脈アラムート渓谷の断崖にアラムート城塞は建つ。その名はダイラム語の「鷲の教示」、アラビア語の「鷲の巣」に由来するとされている。

　このアラムート城塞は、国家や領主が治める城塞ではない。「暗殺教団アサシン」一派の根拠地となっていた城である。暗殺教団アサシンは、イスラム教シーア派イスマーイール派のニザール派の教徒たちで構成された集団だ。英語で暗殺者のことをアサシン（Assassin）というが、これはもともとニザール派のヨーロッパでの名称から来たものとされている。ちなみにアサシンという呼称は、暗殺時にハシシ（大麻）を吸わせてから送り出したことが由来であるという説があるが、事実関係は明らかではない。

　アサシンたちがアラムートを根城とするようになったのは、11世紀後半のこと。当時のアラムートは、同じイスラム教徒ながら敵対していたスンニ派のセルジューク朝が占拠していた。これに対してアサシンたちは、最初の指導者であるハッサン・サーバーフをリーダーとして攻撃を開始。戦いの末に勝利を収めて、この断崖絶壁の城塞を手中にしたのである。これ以降、ハッサンはシャイフル・ジャバル（山の翁）と呼ばれるようになった。

　戦いに勝って手中にしたアラムートだったが、このころはまだ防衛力に優れているとは言えない城であり、アサシンたちは時間をかけてアラムートを大きな要塞へと変身させた。

　セルジューク朝の城を奪取したアサシンたちだが、まだまだ彼我の実力差は圧倒的だった。正面からぶつかっても、到底勝ち目はない。そこでアサシンたちが思いついたのが、要人の暗殺という手段だった。

　暗殺を実行する者は、特に信心深い者の中から選ばれた。その後、想像を絶する厳しい訓練を受けて暗殺者となった者はフィーダーイー（アラビア語で名誉の犠牲者、献身者の意味）と呼ばれた。暗殺は主に刃物や毒物を使ったとされているが、その手法の詳細は謎に包まれている。だが、最初の20年で50人以上の要人を殺害したというから、成功率はかなり高かったようだ。

　次々と人材を殺されたセルジューク朝は、当然、報復に出る。アラムートに攻め込んだのだ。だが、強固な要塞へと変貌を遂げたアラムートにダメージを与えるのは容易ではなかった。そもそもがアラムート渓谷の断崖という立地のため軍を進ませることすら困難である。何十年もの間攻撃を続けたものの、結局、セルジューク朝はアラムートを落とすには至らなかった。

　その後、アサシンたちはセルジューク朝の時代にあってその存在を誇示し続けたが、13世紀なかごろにモンゴル帝国の遠征軍に敗北。アラムートも陥落し、ヨーロッパとアジアを恐怖に陥れたアサシン暗殺教団は消滅したのであった。

第6章
城塞都市のトリビア

No.095
奴隷取引だけが目的の城塞都市「ゴレー島」

セネガル沿岸に浮かぶゴレー島。かつてこの島の城塞は奴隷貿易の拠点としてのみ建てられ、城壁で防備を固めていた。

●三角貿易の拠点となった奴隷島

　城塞都市とは、そこに住む人々が仕事をし、自分たちの財産を守るための生活の場であるのが一般的だ。しかし奴隷取引のためだけに造られた城塞都市が存在した。

　1444年、ポルトガル人ディニス・ディアズが、セネガル沿岸でゴレー島を発見した。しかし、ほどなくしてオランダ人がこの島を占拠してしまう。そのオランダ人たちもまた、1677年にこの島へとやってきたデストレ提督指揮下のフランス艦隊によって、追い出されてしまうのであった。

　それからしばらく経った1815年。ゴレー島はイギリスとフランスの間で取り合いになったが、結局フランス領になり、1960年にセネガルが独立するまでフランスの支配が続いた。

　コロンブスが新大陸を発見すると、このゴレー島はアンティル諸島、ブラジル、アメリカへ送られる奴隷の重要な積み出し港となった。16世紀から19世紀の間に1100万人ものアフリカ人が、「黒炭木材」という呼び名で出荷された。ネイティブ・アメリカンよりも屈強な黒人を、炭鉱やサトウキビ畑で重労働させるためである。

　ひとたびゴレー島の収容所の門を潜れば、奴隷は人間ではなく商品として扱われることになった。船は物々交換用の品物を満載してヨーロッパの港を出港し、アフリカに着くと300〜400人の奴隷と交換される。奴隷は地元の有力者が内陸地の村々から連れ去ってきたごく普通の人たちだった。ゴレー島で奴隷は船倉にぎゅうぎゅう詰めにされ、航海中にその10〜15％が死亡したという。目的地まで無事着いた"商品"は、現地の産物（金、銀、香辛料）と交換され、船はそれらの産物を積んでヨーロッパに戻る、ということが日常的に行われていた。

奴隷を「商品」として収容した島

●ゴレー島の歴史

1444年	ポルトガル人ディニス・ディアズが発見 その後、オランダ人が占拠する
1677年	デストレ提督下のフランス艦隊がオランダ人を追い出す
1815年	英国とフランスが取り合い、フランスが勝利
1852～1856年	デストレ要塞が築かれる
～1960年	セネガル独立

●三角貿易

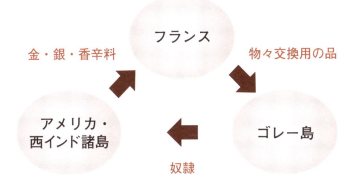

●奴隷の状況

出　身	アフリカ各地。当地の有力者が連れ去ってきた
扱　い	人間ではなく、あくまでも"もの"
呼　称	肌の色から「黒炭木材」と呼ばれた
移　送	船倉に詰め込まれる。移送中に10～15%が死亡
労働内容	炭鉱・サトウキビ畑での過酷な肉体労働

関連項目
●多重環状城壁→No.079　　●石落とし(バービカン)・殺人孔→No.075
●銃眼→No.077

No.096
城壁を壊すことで、相手のプライドを破壊する

城塞都市にとって城壁はいわば顔である。特に黎明期の古代では、城壁を破壊することは物理的損害を与える以上の意味があった。

●城壁が象徴するものを攻撃する

　紀元前5000年から前4000年ごろ、ユーフラテス川、ナイル川、インダス川といった大河川の流域で定住生活が始まった。農耕社会が発達し、ある程度の大人数が同じ場所に定住するようになると、種まきやかんがいといった作業を行い、余った作物を貯蔵し、分配すべく社会制度が発達していった。

　こうして築きあげたものを、敵対する都市国家や定期的に都市の**穀倉**を脅かす遊牧部族などから守る必要があった。人々は都市を壁で囲み、自分たちの大切な暮らしと財産を守ろうとした。城塞都市の始まりである。

　攻撃の手段が手工具に限られていた時代、城壁は堂々たる権力の象徴だった。**梯子**を用いてもよじ登れない高さと、**破城槌**に耐えうる厚さを持った立派な城壁は城塞都市住民にとって誇りだったのである。

　古代メソポタミア人は都市の城壁に対して、重大な価値を見出していた。彼らは城壁に縁起の良い名称をつけて、神の守護の下に置いたのだ。それゆえに城塞都市の住民たちは、城壁を手入れしてよく保とうと努めた。堡塁の位置と配置は、都市の権力と地位を明らかにし、城門は敵を防ぐだけでなく、都市を訪れる者に彼らの富を印象づけるように設計された。

　攻城兵器が発達していくと、城塞都市の防御の規模も大きくなっていった。古代ギリシャでは、ネブカドネザル2世によって再建された都市バビロンは厚い城壁に囲まれており、城壁の上を4頭立ての戦車が楽々と走れるほどだったという。

　それだけ重要な城壁を破壊されることは、物理的な損害ばかりでない。城壁に対して抱いていた誇りをも傷つけられることになる。反対に、征服した敵の城壁を砕くことは、城塞都市の領主にとっての主要な義務であった。

征服した敵の城壁を壊すのが領主の務め

第6章●城塞都市のトリビア

農耕社会が発達し、定住生活になる

社会制度が発達し、都市国家ができる

都市の財産を守るため城壁で町を囲む

立派な城壁は住民の誇りであり、都市の権力と富を表す

城壁の破壊
＝
プライドの破壊

城壁を破壊されることは、住民のプライドが壊されるのと同じ。征服する側にとっては城壁を壊すことが象徴的な行為になる

今まで一生懸命手入れしてきたのにもうおしまいだ……

関連項目
- エスカラード（城壁をよじ登る）→No.052
- クサールは要塞兼穀物倉→No.069
- 衝角の対処法→No.068

No.097
城塞都市は港も守る

海沿いの城塞は港をうまく利用して防御を固めたものが多い。イスラエルのアッカーやイギリスの「鉄環(てっかん)」が典型的な例だ。

●港を天然の防壁として利用する

　港や湾などの海に面した城塞では、内陸部のものとはまた違った独自の構造を有しているものもある。イスラエルのアッカーは最も古くから人が住み始めた地域のひとつであるが、同時に古代から1948年にかけて歴史上、最も攻囲された都市のひとつでもある。

　古都アッカーは現在のアッカーの南東に位置していた。城塔を備えた城壁が二重の防衛線として都市の周囲をめぐり、その中心に**シタデル**があるという、ごく一般的な形式である。だが、特徴的なのは海の防備だ。アッカーの港と防波堤は古代ローマ人によって築かれたものだが、「海の塔」から港の城壁まで鎖で封鎖できるようになっていた。十字軍はこれによって敵艦船の入港を防いだ。また、テンプル騎士団の城郭は、現在、水深の浅い湾に沈んでいるが、かつてはトンネルでつながっていた。

　13世紀末には、イングランド王エドワード1世が北ウェールズを侵攻し、3つの城郭を築いた。すなわちハーレフ、コンウィ、カーナーヴォンであり、これにビューマリス城塞を加えて、スノードニアを囲む城塞の環が完成した。これらの城塞はすべて海岸に建設され、いつでも海上から物資の補給が受けられるようになっていた。そのため攻囲はほぼ不可能。エドワード王の「鉄環」はそれほど強固なものだったのである。

　ハーレフ城塞は険しい岩山の上に建てられていたため、攻撃される可能性があるのは東側だけだった。内ベイリーの高いカーテン・ウォールは円形平面の隅にある城塔で守られ、巨大な城門塔も有していた。周囲を囲む外城壁は低く、両側に露天稜堡(ろてんりょうほ)(屋根のない稜堡。こちらが一般的)があり、2棟の小塔を持つ門を備えていた。断崖のふもとにはさらにふたつの城門があり、上城門と水門にある2カ所の砲床(ほうしょう)によって防御されていた。

港を守る独自の工夫がなされた城塞

●アッカー城塞（イスラエル）

海の塔から港の城壁まで鎖で封鎖し、敵艦船の入港を防いだ

泊地とは？
船が停泊できる水域を泊地という。停泊地とも

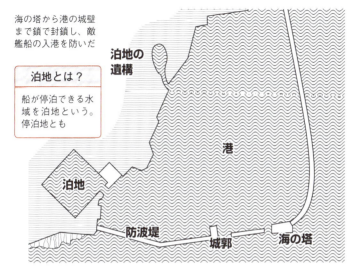

●ハーレフ城塞（イングランド）

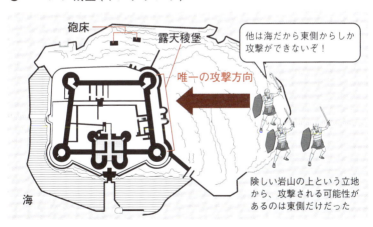

関連項目

●シタデル都市→No.004

No.098
アウレリアヌス帝の城壁

500年もの間、要塞を築かなかったローマがやり方を変えたのは、ゲルマン人の圧迫が帝国存続の危機を感じさせてからだった。

●ローマ時代後期の象徴的遺構

ローマ人の防衛の手法は、移動する野戦軍によるものだった。そのためほぼ500年の間、自国の都市に要塞さえ造らなかったほどだ。

しかし、紀元3世紀後半、ゲルマン人の圧迫が増大して帝国の北の境界が陥落の危機に瀕すると、ローマ人は彼らの首都を要塞化することにした。

アウレリアヌス帝の城壁は、紀元270年から282年の間に建てられたものだ。広く散らばった100万人の住民を囲むように、不規則な線に沿って建てられた。長さ約19km、強力に防護された18の門を持ち、約30m間隔に381の正方形の塔で強化されていた。

ローマ人は元来、規則的な対称性を好んだ。だが、蛮族から都市を守るためには秩序と対象形への嗜好を捨てなければならなかった。壁が曲がりくねっていたのは、戦略的な利用に適した特徴のない穏やかな地帯を横切って通す必要があったからだ。

結局のところ、首都ローマが包囲攻撃されるような状況ならば、当然野戦に臨む軍隊は敗北したことが予想される。町が外部から救援される見込みもほとんどない。このような見込みから、アウレリアヌス帝の城壁は、ローマの要塞の伝統的かつスタンダードなものと概念も外観もほとんど変わらない密封された囲み方となった。すでに彼らは、帝国が崩壊する前兆を感じとっていたのだ。

それでも、アウレリアヌス帝の城壁は、1870年にイタリア王国の近代的砲兵隊に破壊されるまで、完璧とは言えないまでも、十分にローマの役には立ってきた。現在も保存状態はよく、天才的なデザインとは言いがたいながら、ローマ時代後期における要塞の最も象徴的な例として見ることができる。

ローマ帝国を蛮族から守るための城壁

●アウレリアヌス帝の城壁

- 紀元270年から282年の間に建てられた
- 長さ約19km、100万人の住民を取り囲む
- 強力に防護された18の門
- 約30m間隔に381の正方形の塔で強化
- 1870年にイタリア王国の砲撃で破壊されるまで維持

蛮族からローマ帝国を守るため十分役立った

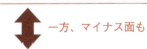 一方、マイナス面も

- 広く散らばった住民を囲むため不規則な線になった
- ローマ人好みの規則的対称性を捨てねばならない
- 首都ローマが包囲される状況はすでに敗北寸前

ローマ帝国が崩壊する前兆を感じとっていた

関連項目

●ギリシャとローマの城塞都市の違い→No.005

No.099
要塞化した屋敷マナーハウス

中世には城というほどの規模ではないが、要塞化したマナーハウスというものがあった。その多くが国境付近に建てられたものだった。

●城ほどではないが要塞化した屋敷

　マナーハウスというのは一般的に領主屋敷を指すが、防衛力の低い住居の中には「要塞化したマナーハウス」と呼ばれて、いわゆる城とは区別されるものがある。ただし、これは現代の分類であり、城とマナーハウスの線引きは必ずしも簡単ではない。

　イギリスのノーサンバーランドにあるエイドン城の中心部分は、13世紀後期にマナーハウスとして建てられた。直後にイングランドとスコットランドの間で戦争が起こり、国境付近は戦場と化した。そのため以降50年間かけて何段階も要塞化が進み、3つの中庭の周囲に小さな包囲型の城が建てられた。

　また、アクトン・バーネル城の場合は、ウェールズとの国境近くにあった。聖職者でエドワード1世の大法官を務めたロバート・バーネルによって、1284年、生誕地シュロップシアに建てられたものだ。本格的な防衛手段というほどではないが、こぢんまりとした2階の住居施設には**狭間**付き**胸壁**があり、さらに屋敷は堀と塀に取り囲まれていた。

　カンブリア州のヤンワス・ホールは中世後期にさかのぼるマナーハウスで、これもやはり国境付近にあった。当時は越境襲撃がひんぱんにある土地柄だったため、屋敷には防衛対策が必要とされていた。ヤンワス・ホールの防衛対策は広間の一端に設置された塔に集中している。14世紀、15世紀と2段階にわたり主な建築部分が形作られていったようだ。現在中庭の屋敷は、中庭を囲む四角形の建物に接する3区画のうち、ふたつだけが中世の建築で、当時は柵や壁で囲まれていたと考えられている。

　いずれの建物も、国境付近の何かと紛争の多い地域にあり、必要性からじょじょに要塞化していったようだ。

住居でありながら要塞でもある

●エイドン城

イングランドとスコットランド間の戦争勃発で戦場と化したため、50年かけて要塞化していった。3つの中庭の周囲に小さな包囲型の城が建てられた

●ヤンワス・ホール平面図

防衛対策は広間の一端に設置された塔に集中している。中庭を囲む3区画のうち、ふたつだけが中世の建物で、当時は柵や壁で囲まれていた

関連項目
- ●矢狭間から攻撃する→No.067
- ●胸壁・マチコレーション→No.072
- ●溝と堀の重要性→No.070

No.100
降伏

攻囲戦が起こったとき、防衛側が負ければ降伏の意思を示す必要があった。象徴的な例として要塞の鍵を渡すこともあった。

●城塞都市の鍵は恭順の象徴

　城塞都市における攻防では、防衛側が侵略側を退けることもあれば、当然、防衛側が敗北を喫することもある。防衛側は最後の1人が倒れるまで戦い続ける場合もあったが、全滅する前に自分たちの敗北を察し、降伏という手段をもって戦闘を終わらせることも少なくはなかった。

　防衛側が降伏を申し出たとしても、その後の処遇はさまざま。当たり前だが、戦争はスポーツではない。試合が終了したら仲良く握手、などということはありえないのである。

　特に重要視されていたのが、侵略側の損害の度合いだ。侵略側の負傷者や死者が多ければ多いほど、防衛側は苛烈（かれつ）な報復を覚悟せねばならなかった。降伏して城門を開門すれば、まだ怒りの収まらぬ兵士たちが城塞都市内にどっとなだれ込んでくる。ある者は男たちを惨殺し、またある者は逃げ惑う女たちを捕まえて強姦した。そして家々にある金品財宝は侵略側の当然の戦果として、あまさず奪われるのが常であった。

　戦争の雌雄が決し、防衛側が負けを認めたときには城門の鍵を渡すことで、降伏の意を示す場合もあった。1340年、イングランド王エドワード3世は打ち負かしたカレーの市民から、降伏を示す証として城門の鍵を受け取っている。

　また、侵略側から降伏勧告を行うこともあった。1日待つ間に城塞都市を明け渡せば、残った食料を差し出して敗北を認めるだけでよいと告げるのである。この要求内容は城塞都市の攻城戦の慣例であったとされている。もしも降伏勧告をはねつけた場合、防衛側を待っているのは徹底的なる虐殺であった。男は殺され、女は犯され、食料から金品にいたる全てを略奪され、ひどいときにはまだ幼い子どもまで殺められたという。

降伏の証として要塞の鍵を渡す

1340年、カレー市民がイングランド王エドワード3世に降伏したとき、その証として要塞の鍵を渡した

降伏する・しないで何が違ったか

優勢にある攻撃側が降伏を勧告する

受け入れる / 受け入れない

攻撃側の損害が軽微な場合
食料を差し出すだけで、命は許してもらえることが多い

攻撃側の損害が甚大な場合
報復として男は殺され、女は犯され、財産を奪われる

全員が死ぬまで攻城戦や攻囲戦が続き、全滅させられる

No.100 第6章●城塞都市のトリビア

遺体を埋葬する墓地も都市計画のひとつ

　当たり前の話だが、どの時代であっても人は死ぬ。キリスト教徒が多かった中世ヨーロッパでは死者は埋葬するのが一般的であり、城塞都市内に遺体を埋めるスペースを確保するのは必要不可欠のことであった。

　通常、城塞都市は都市計画に基づいて発展させていくものである（中には無計画に進めて、廃墟になってしまった例もあるが）。その計画には教会や墓地を建てるぶんの土地を確保するのが通常であった。教会の近くには墓地があり、そして墓地のそばには礼拝堂がある。これらをひとつのセットとして集めるスペースを設けたのである。

　城塞都市においては教会や修道院が教区（宗教組織が、奉仕と行政を行うために設定した単位地区のこと）をにない、それぞれが墓地を持っているのが普通だった。また、ユダヤ教も墓地を持っていることも少なくなく、ユダヤ教を信仰するユダヤ人はこの教会の墓に入った。

　ちなみに現在のキリスト教の墓地では墓が整然と並ぶのが一般的であるが、中世初期にあたる西暦700年ごろからゲルマン人のいち部族であるアラマンニ人は、そのような葬り方をしなくなった。君主、夫人、子供たちは教会の中に、そして家臣や農民など広義での家族の一員は教会の中庭に葬ったという。

　神の前では皆久しく平等であり、それは死を迎えたときも同様である……というわけにはいかなかったようである。なぜなら、城塞都市においてきちんと埋葬されるのは貴族など金持ちだけである場合もあったからだ。

　金を持っている者は、自分が永眠する土地を用意できたので、丁重に埋葬された。だが、貧乏人はそうはいかない。生前は自分の住む家すらもままならなかったのだから、墓を持つなど図々しいというのだ。貧乏人の遺体は大きな溝に放り込まれ、少しだけ土をかけてもらえた。それで、ハイ、おしまいである。地面からは遺体の手足が突き出ていたというから、考えるだけで恐ろしい光景だ。当時の人もそう考えたようで、後に遺体にかける土の量を定める法が出されたとか。

　都市計画に沿って造られた墓地はその広さが有限であることが多く、繰り返し使われるのが常であった。埋葬した遺体は、やがて腐敗して骨だけとなる。その骨を墓地の脇にある納骨堂に積み上げると、空いたスペースに新しい遺体を埋めるのだ。しかし死者が多いとそのサイクルが間に合わず、遺体を埋める土が何メートルも盛り上がってしまったこともあったと伝えられている。

　墓地は死者を埋葬するという以外の目的でも使われた。あるときは教会を訪れる者の集会所であり、またあるときは戦争などで避難してきた者の住まう場所でもあった。また、家畜に草を食べさせる場所になることもあったし、市場や展示会が行われることもあったという。さらには舞踏会すら開かれたというから、かなり何でもありな空間であったようだ。

索引

あ

アウグストゥス 14
アウレリアヌス帝 212
アヴィニョン教皇庁 160
アクトン・バーネル城 214
アゴラ 24
朝顔口（あさがおぐち） .... 68、154、164
アッカー城塞 .... 116、210
アテネ軍 32
アドリア海の真珠 178
アニモー・ドゥ・バスクール 78
アルカサル 182
アルフォンソ6世 182
暗黒時代（あんこくじだい） .... 130、140
アンサント .... 54、114、168
アンブラジュール 144
イエッツ 68
イェリコ 10
石垣（いしがき） 22
いし弓 .... 136、164
イングランドへの鍵 168
ウィリアム・デ・グリメスビー 90
浮き彫り図 62
ウブリエット 98
ウプランド 111
ヴィオレ・ル・デュク 176
ヴィスビーの輪壁 184
エイドン城 214
衛兵詰所（えいへいつめしょ） 152
エウルリュエロス城 172
エスカラード .... 114、132
エドワード1世 210
エドワード3世 .... 198、216
エピポラエ高原 .... 32、172
エルサレム 190
エルトリア .... 48、60
落とし扉（格子） .... 26、58、66、138、161
オルレアン 198

か

回転扉（かいてんとびら） .... 27、58
回転橋（かいてんばし） .... 26、64
カーテン・ウォール
.... 38、54、134、152、160、164、168、210
笠石（かさいし） 154
カトー＝カンブレジ条約 200
カルカソンヌを見ずして死ぬな 177
ガルドローブ .... 74、84
カレー .... 198、216
ガロ・ロマン時代 176
かんぬき .... 68、96
行商人（ぎょうしょうにん） .... 88、96
ギリシャ火 130
ギルド 106
吟遊詩人（ぎんゆうしじん） 88
クーシー城 162
クサール 148
グスク 22
クトゥベッディン・ウルガズ 186
熊イジメ 88
グラマースクール 92
グリフィーズ 98
クレノー .... 54、144
ゲイラード城 160
コーベル 158
ゴート族 184
工匠（こうしょう） 22
工廠（こうしょう） 62
坑道（こうどう）
.... 38、40、54、124、132、168、194、202、216
ゴシック時代 54
ゴシック様式 82
ゴシック風 178

さ

サー・ギルバート・ミドルトン 90
裁判（さいばん）..................20、98、108
ザウアークラフト................................80
サルゴン2世.....................................30
ザ・ダウンズ....................................44
サンショ1世...................................188
シタデル...................14、24、30、48、210
シテ..176
射眼（しゃがん）....152、154、158、162、164
ジャックリー...................................104
シャルル5世............................196、198
ジャン・ド・ヴァレット 195
ジャン2世......................................198
ジャンヌ・ダルク............................198
収税吏（しゅうぜいり）........................94
修道院付属学校
（しゅうどういんふぞくがっこう）............92
自由市民（じゆうしみん）....................108
シュタットシューレン.........................92
銃眼（じゅうがん）..................164、176、190
十字軍
（じゅうじぐん）......42、102、146、190、202
ジュポン...136
ジョン王..38
シラミ取り.......................................84
新石器文化（しんせっきぶんか）............30
スキピオ・アフリカーヌス.................128
隅塔（すみとう）...........................72、120
スレイマン大帝...............................190
聖ヨハネ騎士団.......................194、202
世界遺産（せかいいさん）......176、182、184
迫台（せりだい）...............................142
セリム1世.......................................186
セント・ジョン塔............................168

コニスボロー城................................72
ゴルファ...148
転び......................................160、166

た

対壕戦術（たいごうせんじゅつ）............124
出し狭間..43
ダニエル...180
ダビデ王...190
タラスコン城...................................152
地下道（ちかどう）........................38、168
チャタル・ヒュスク........................8、28
中央ヨーロッパ諸国連合軍...................196
頂部吊り下げ式の門............................68
帝国自由都市（ていこくじゆうとし）....180
ディオニュシオス1世...................32、170
ディニス・ディアス..........................206
ディバイダー....................................56
デストレ城塞...................................206
鉄環（てっかん）...............................210
ドーヴァー城塞............................38、168
トコジラミ.......................................84
都市計画（としけいかく）..........18、24、178
凸壁（とつへき）..........................152、156
徒歩門（とほもん）.............................59
トラニオン.......................................156
トルトーザ城...................................150
土塁（どるい）........................34、36、150
奴隷取引（どれいとりひき）..................206
トロワ条約......................................198
ドンジョン..........20、36、98、120、160、162

な

西ゴート族................................42、177
ニューカレッジ.................................92
猫（ねこ）..............................118、124、130
ネブカドネザル2世..........................208
ネルトリンガー・リース....................180
ネルトリンゲンの戦い.......................180
鋸壁（のこかべ）...............................190

は

バービカン............................160、169、176

ハーレフ城塞 210
ハウジング 156
ハジラル 28
馬上槍試合（ばじょうやりじあい）...20、88
バスコ・デ・ラ・ロサ 182
跳ね橋
....26、29、36、45、58、64、66、68、116、138
万里の長城（ばんりのちょうじょう）.....22
ハドリアヌス 190
バラの都 184
パリ 96
ハルレフ 58
ハンザ同盟 184
バンネット 136
ピエールフォン城 162
控え壁 160
ヒッポダモス ....24、32
ヒルフォート 14
ビュザンティオン 134
フィリップ3世 .... 42、176
フィリップ6世 198
ブイヨン城塞 144
ブラガンサ城 188
プラハ大学 92
フリードリヒ2世 180
フリードリヒ・バルバロッサ 102
フリーメーソン...56
プリエネ .... 16、24、170
ブリガンティア 188
プリンス .... 54、158
触れ役 96
プロスペル・メリメ 176
平衡橋（へいこうばし）..........................64
ベイリー .... 36、78、138、210
壁がん 164
ペスト .... 84、86、198
ペトラルカ 88
ペリエ 122
ベルフリー 116

ヘレニズム ....14、24
ヘロデ王 11
ヘンリー2世 .... 38、168
ヘンリー3世 .... 38、168
ヘンリー8世 44
砲床用陵堡
（ほうしょうようりょうほ）.....................121
望閣（ぼうかく）......................................42
望楼（ぼうろう）....................................188
ボディアム城 72
ポテルヌ 58
ボナギル城 120
堡塁（ほるい）.... 30、50、120、180、202、208

ま

マイオタン 104
マシクーリ .... 130、190、202
マスケット銃 45
マチコレーション .... 42、152、154
マナーハウス .... 150、214
守りの手 148
ミリシャ 102
メソポタミア .... 14、30、186、208
メルロン .... 55、144、190
モット・アンド・ベイリー .... 34、138
持ち送り .... 42、162
最も美しい廃墟....................................184

や

野戦（やせん）................................ 16、212
山城（やまじろ）.....................................22
ヤン3世 196
ヤンワス・ホール..................................214
横桟（よこざん）...................................162
ヨルダン川 10
鎧戸（よろいど）................... 96、155、156
40人教会 186

221

ら

ラヴァル城 158
らせん階段 142
ラモン・デ・ボルゴーニャ 182
ララ・ムスタファ・パシャ 195
リチャード1世 114
リトル・スクール.....................................92
ルイ9世 176
ルネサンス
　............18、50、52、80、98、178、188、200
レオポルト1世 196
レスル城 74
レプジンガー門..180
牢獄（ろうごく） ....20、45
楼門（ろうもん） ....64、180
露天稜堡（ろてんりょうほ） 210
ロバート・バーネル..............................214
ロマネスク風 178
ロマネスク様式..182

わ

ワット・タイラー....................................104
ワークワース城..142

参考文献

『暗黒の中世—ヨーロッパの都市生活』 ジョン・D・クレア 構成　リリーフ・システムズ 訳　同朋舎出版
『イギリスの古城』 太田静六 著　吉川弘文館
『NHK世界遺産100 No.12 難攻不落の城塞都市』 小学館
『NHK世界遺産100 No.16 夢幻の迷宮都市』 小学館
『古城事典』 クリストファー・グラヴェット 著　あすなろ書房
『スペイン・ポルトガルの古城』 太田静六　吉川弘文館
『世界の城塞都市』 千田嘉博 監修　開発社
『世界の「要塞」がよくわかる本』 株式会社レッカ社 編著　PHP研究所
『図解 古代兵器』 水野大樹 著　新紀元社
『図説騎士の世界』 池上俊一 著　河出書房新社
『図説中世ヨーロッパ武器・防具・戦術百科』 マーティン・J・ドアティ 著　日暮雅通 訳　原書房
『図説ヨーロッパの暮らし』 河原温／堀越宏一 著　河出書房新社
『戦争と城塞』 大類伸 著　三省堂書店
『中世ドイツの領邦国家と城塞』 桜井利夫 著　創文社
『中世の死 生と死の境界から死後の世界まで』 ノルベルト・オーラー 著／一條麻美子 訳　法政大学出版局
『中世の城』 フィオーナ・マクドナルド 文　マーク・バーギン 絵　桐敷真次郎 訳　三省堂
『中世兵士の服装—中世ヨーロッパを完全再現!』 ゲーリー・エンブルトン 著　濱崎亨 訳　マール社
『中世ヨーロッパ騎士事典』 クリストファー・グラヴェット 著／森岡敬一郎 日本語版監修　あすなろ書房
『中世ヨーロッパ入門』 アンドリュー・ラングリー 著／池上俊一 日本語版監修　あすなろ書房
『中世ヨーロッパの城の生活』 フランシス・ギース／ジョゼフ・ギース 著　栗原泉 訳　講談社
『中世ヨーロッパの城塞 攻防戦の舞台となった中世の城塞、要塞、および城壁都市』 J・E・カウフマン＆H・W・カウフマン 著　中島智章 訳　マール社
『中世ヨーロッパの生活』 ジュヌヴィエーヴ・ドークール 著　大島誠 訳　白水社
『中世ヨーロッパの都市の生活』 フランシス・ギース／ジョゼフ・ギース 著　青島淑子 訳　講談社
『中世ヨーロッパの都市世界』 河原温 著　山川出版社
『中世ヨーロッパの農村の生活』 フランシス・ギース／ジョゼフ・ギース 著　青島淑子 訳　講談社
『中世ヨーロッパの服装』 オーギュスト・ラシネ 著　マール社
『ドイツ・北欧・東欧の古城』 太田静六 著　吉川弘文館
『ビジュアル版 世界の城の歴史文化図鑑』 チャールズ・スティーヴンソン 著　中島智章 監修　村田綾子 翻訳　柊風舎
『ヨーロッパの古城と宮殿』 藤井信行 著　新人物往来社
『ヨーロッパ史における戦争』 マイケル・ハワード 著　奥村房夫 訳　中央公論新社
『ヨーロッパ中世の城』 野崎直治 著　中央公論
『歴史的古城を読み解く 世界の城郭建築と要塞の謎を理解するビジュアル実用ガイド』 マルコム・ヒスロップ 著　桑平幸子 訳　ガイアブックス

F-Files No.053

図解　城塞都市

2016年9月10日　初版発行
2022年6月17日　4刷発行

著者	開発社
イラスト	ほんだあきと
編集	山下達広（開発社） 株式会社新紀元社編集部
DTP	太田俊宏（開発社）、森玄一、小泉健太
発行者	福本皇祐
発行所	株式会社新紀元社 〒101-0054　東京都千代田区神田錦町1-7 錦町一丁目ビル2F TEL：03-3219-0921 FAX：03-3219-0922 http://www.shinkigensha.co.jp/ 郵便振替　00110-4-27618
印刷・製本	中央精版印刷株式会社

ISBN978-4-7753-1451-7
定価はカバーに表示してあります。
Printed in Japan